배당왕

배신을 모르는 그들, 미국 배당주 TOP 30

투자의 신세계를 여는 글로벌 투자 리포트 1

배당왕

배신을 모르는 그들, 미국 배당주 TOP 30

삼성증권 리서치센터 지음

미래의
창

투자의 신세계를 여는
글로벌 투자 리포트를 시작하며

해외 주식 열기가 뜨겁습니다. 불과 삼사 년 전만 해도 해외 주식 직구 회의론이 업계의 대세였던 점을 떠올려보면, 세상의 변화는 참으로 놀랍습니다. 장기간 침체된 국내 증시도 하나의 원인일 것입니다. 안타까운 마음과 책임감을 동시에 느끼지 않을 수 없습니다.

해외 주식에 대한 관심과 수요는 커지고 있지만, 관련 정보는 아직 턱없이 부족합니다. 대부분 유료인 해외 증권사 보고서는 접근도 어려운 데다가 언어의 장벽도 존재합니다. 양질의 해외 주식 콘텐츠에 대한 투자자들의 갈증이 큰 상황입니다. 삼성증권 리서치센터는 이러한 문제점을 해결하고자 글로벌 주식 리서치를 대폭 강화했습니다. 개별 기업 분석뿐만 아니라 세상을 변화시키는 메가 트렌드의 심도 있는 분석을 통해 차별화된 보고서를 발간하고 있습니다.

전달 방법 고민도 계속하고 있습니다. 모든 것이 연결되는 디지털 시대인 만큼, 개인 투자자들을 위한 정보의 간극을 줄일 수 있는 절호의 기회이기 때문입니다. 다양한 디지털 콘텐츠를 확충하는 한편, 동시에 따뜻한 아날로그 감성으로 고객과 직접 소통하려 노력하고 있습니다. 2019년 업계의 화제가 되었던 '해외 주식 공개 특강 – 애널리스트가 간다!'도 그런 노력의 일환입니다. 10여 명의 삼성증권 애널리스트들이 총 출동해 강남, 강북, 부산, 광주, 대전 등 주요 도시에서 약 2천 명의 투자자들을 만나 해외 주식에 대한 뜨거운 열정을 직접 확인할 수 있었습니다.

놀라웠던 사실은, 30도가 넘는 한여름 토요일 오후에 장장 다섯 시간에 걸친 세미나에도 중간에 이탈하신 고객이 거의 없었다는 점입니다. 자리가 부족해 간이의자에 앉아 계셨던 분들께서도 강의 내용을 하나하나 필기하시며 끝까지 집중해주셨습니다. 질의응답 시간에는 글로벌 기업들에 대한 매우 심도 있는 질문을 해주셨습니다. 모든 것이 기대 이상의 행사였습니다.

고객들의 투자에 도움을 줄 수 있는 양질의 콘텐츠 생산은 저희의 사명입니다. 고객과의 만남을 계기로 저희의 다짐은 더욱 확고해졌습니다. 이번 리서치 자료 발간은 그 여정의 시작점입니다. 한국의 더 많은 투자자들이 이 책을 통해서 글로벌 트렌드 변화에 대한 인사이트를 얻고, 실질적인 투자 기회를 포착하는 데 도움이 되기를 희망합니다. 해외 주식 투자자들의 현명한 투자를 위한 나침반이 되도록 노력하겠습니다. 감사합니다.

삼성증권 리서치센터

프롤로그

글로벌 증시의 혼돈이 극에 달하고 있습니다. 금융 위기 이후 이어진 대대적인 유동성 공급에도 불구하고 경기 침체에 대한 공포가 여전히 시장을 지배하고 있습니다. 늘어난 유동성은 빈부 격차를 심화시키고 각국의 정치적 갈등을 부채질하고 있습니다. 글로벌 고령화로 인한 비용 증가와 세대간 갈등도 점입가경입니다.

각국 중앙은행의 인내심도 점차 한계를 보이고 있습니다. 자칫 잘못해 고무줄처럼 늘어져버린 유동성이 끊어진다면 글로벌 증시의 변동성은 2018년 연말에 비할 바가 아닐 것입니다. 여러 가지 요인이 복합되어 있기 때문에 그만큼 해결도 쉽지 않아 보입니다. 구조적일 가능성이 큽니다. 이를 반영하듯 주요 국가들의 채권 금리는 끝을 모르고 하락하고 있습니다. 저금리 도미노는 만성적인 저성장의 우려를 나타내고 있습니다. 일본화(Japanification)에 대한 공포입니다. 마이너스 금리가 새로운 뉴노멀이 될 가능성도 배제하기 어렵습니다.

여기까지 생각이 미치면 주식 투자를 한다는 것은 바보처럼 느껴질지도 모릅니다. 그러나 불확실성은 말 그대로 불확실성일 뿐 입니다. 미래는 정해져 있지 않습니다. 물극필반(物極必反)이라고 했습니다. 위기가 극복될 수도 있고, 거대한 버블이 발생할 가능성도 남아 있습니다. 주식을 다 팔고 도망가는 것이 능사는 아닙니다.

저희의 대안은 미국 배당주입니다. 장점은 명확합니다. 고도로 발달된 자본 인프라와 주주 친화적인 토양 속에서 수십 년간 배당을 증액해온 저력 있는 기업들이 존재합니다. 오를 때 더 오르고 빠질 때 덜 빠집니다. 장기적으로 시장을 뛰어넘는 모습을 보여온 검증된 전략입니다. 심지어 기축통화인 달러 자산입니다. 이는 최근 떠들썩한 DLS(파생결합증권) 손실 사태에서 느낀 안타까움과 대비됩니다. 판매 과정에 대한 적법성을 논외로 해도, 리스크 대비 리워드 측면에서 결코 매력적이지 않은 상품이기 때문입니다. 미국 배당주에 대해 알고 있던 투자자라면 굳이 선택하지 않았을 가능성이 높을 것입니다.

IT 혁명으로 인한 전환기입니다. 위대한 기업의 몰락을 흔하게 목격하는 시대입니다. 역사적으로 세상이 망할 것 같은 위기 시에도 배당을 늘려왔던 저력이 있는 기업, 새로운 시대를 이끌어갈 차세대 배당주들을 선별해 분석했습니다. 이 책이 저금리 시대를 극복하는 투자 대안을 찾는 데 도움이 될 수 있기를 희망합니다.

삼성증권 리서치센터
김중한, 한주기, 문준호, 김철민, 이영진

차례

ㄱ

왜 미국 배당주인가?
- 답은 정해져 있다

매크로 불확실성이 확대되며 전 세계 중앙은행들의 경쟁적
인 통화 완화 기조가 이어지고 있다. 상대적으로 높은 수익
률을 고정적으로 지급하는 배당주에 대한 프리미엄이 기대
되는 환경이다. 특히 미국 배당주에 주목해야 한다. 전 세계
에서 가장 발달된 자본 시장을 이끌어온 주주 친화적인 기
업들이 존재한다. 길게는 무려 50년 넘게 단 한 번도 빠짐
없이 배당을 인상해왔다. 수익률 또한 훌륭하다. 오를 때 더
오르고 빠질 때 덜 빠진다. 오랫동안 검증된 위험과 보상의
아름다운 밸런스는 불확실성에 대처하는 가장 확실한 대안
이다.

안정성 & 지속성

배당주에 대한 관심이 뜨겁다. 매크로 불확실성 확대 및 전 세계 중앙은행들의 경쟁적인 통화 완화 기조 속에 상대적으로 높은 수익률이 기대되는 배당주에 대한 프리미엄은 점차 커질 가능성이 높다. 우리는 특히 미국 배당주에 주목한다. 배당의 안정성과 지속성 측면에서 타 국가 대비 매력적이기 때문이다.

단순히 배당수익률 자체로만 본다면 미국 시장을 고집하지 않아도 선택지는 많다. S&P500 배당수익률은 2% 수준으로 KOSPI(2%)와 큰 차이가 없다. G20 기준 배당성향을 봐도 영국, 프랑스, 독일 등 유럽 선진국에 비해 오히려 더 낮다. 그러나 단순히 배당수익률과 배당성향으로 미국 배당주의 매력을 판단하는 것은 섣부르다. 1) 미국 경기의 차별적 성장과 기업 이익 증가로 인한 배당 여력 확대, 2) 전 세계에서 가장 고도화된 자본시장 인프라, 3) 기축 통화인 달러 자산의 매력 등을 고려해야 한다.

G20 소속 국가 배당성향 및 배당수익률 (2018년 기준)

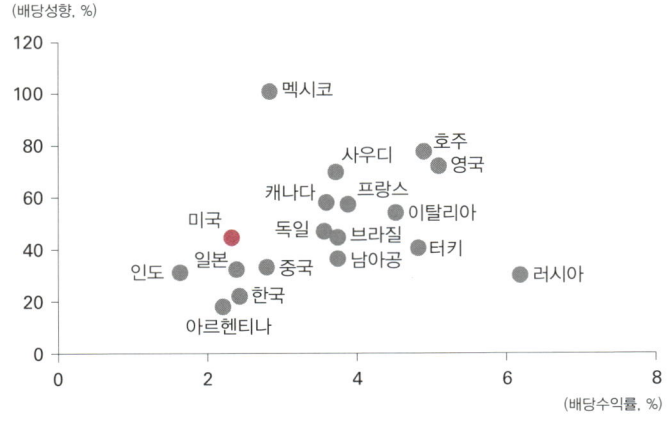

(배당성향, %)

참고: 인도네시아 및 유럽연합 제외, 자료: Bloomberg, 삼성증권

배당왕, 배당귀족, 배당성취자 개요

구분	기준
배당왕	50년 이상 배당 증가 기업
배당귀족	25년 이상 배당 증가 기업
배당성취자	10년 이상 배당 증가 기업

자료: 삼성증권 정리

더 오르고 덜 빠진다

미국 배당주는 중요한 특징이 있다. 회사의 영속성에 영향을 미칠 정도의 위기 상황이 아니면 꾸준히 배당을 증가시킨다는 점이다. 배당왕(50년 연속 증가), 배당귀족(25년 연속 증가), 배당성취자(10년 연속 증가)와 같이 오랜 기간 이익의 지속성을 증명하고 주주 친화적인 정책을 통해 시장의 신뢰를 만들어온 기업들이 존재한다.

이들 우량 배당 기업은 수익률 또한 훌륭하다. 최근 10년간 배당귀족 인덱스의 주가 상승률은 210%에 달한다. S&P500 지수를 지속적으로 상회했다. 배당 재투자를 가정한 총수익률(Total return) 인덱스를 보면 차이는 더욱 심해진다. 단순히 수익률만 높은 것이 아니다. 주가 하락 국면에서의 방어력도 뛰어나다. IT 버블, 금융 위기 등의 주가 하락 국면에서 시장을 아웃퍼폼(outperform)했다. 1980년대 이후 미국 리세션 기간 배당귀족 인덱스는 시장을 평균 138bp 아웃퍼폼하는 모습이었다.

결론은 간단하다. 장기적으로 보면 미국 배당주를 이길 수 있는 전략은 많지 않다. 시장을 이기기도 어려운데 배당주 인덱스는 시장마저 이긴다. 뛰어난 실력과 엄청난 운이 만나 시장을 지속적으로 이길 수 있는 소수 전문 투자자를 제외하면 미국 배당주를 장기 보유하는 편이 좋다. 일반 투자자라면 두말할 필요가 없다.

S&P500과 배당귀족 인덱스 수익률 추이

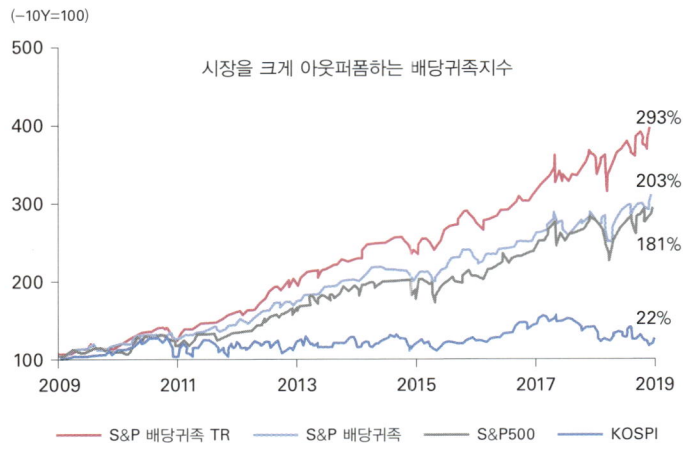

(−10Y=100)

시장을 크게 아웃퍼폼하는 배당귀족지수

293%
203%
181%
22%

2009 2011 2013 2015 2017 2019

— S&P 배당귀족 TR — S&P 배당귀족 — S&P500 — KOSPI

자료: Thomson Reuters, 삼성증권

S&P500지수 및 주당배당금(DPS) 추이

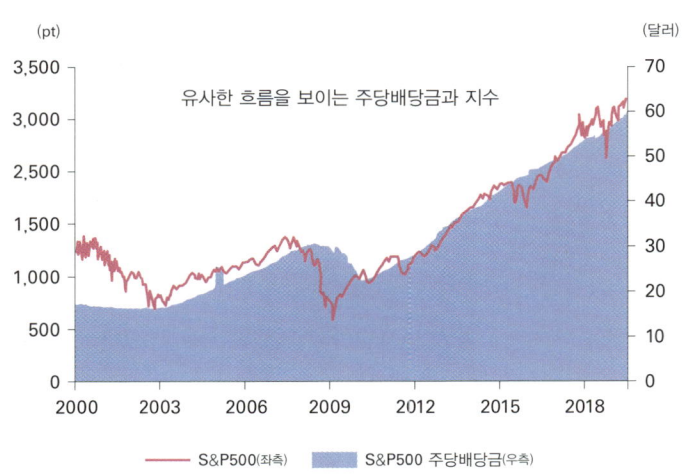

(pt)   (달러)

유사한 흐름을 보이는 주당배당금과 지수

2000 2003 2006 2009 2012 2015 2018

— S&P500(좌측) ▨ S&P500 주당배당금(우측)

자료: Bloomberg, 삼성증권

다양한 배당투자 옵션

미국은 배당주 투자 천국이다. 배당성장주, 고배당주, 우선주, RE-ITs, MLP, BDC, CEF 등의 다양한 옵션이 존재한다. 배당 성격, 지급 주체, 섹터, 주식 발행 형태 등에 따라 다르다. 이로부터 파생된 ETF를 활용하는 방법 또한 손쉬운 접근이 될 것이다. 각 배당주의 간략한 특징은 다음과 같다(배당성장주, 고배당주, 우선주 제외). 기본적인 특징과 리스크를 알고 나서 개별 주식에 대한 투자를 결정하는 것이 좋다.

REITs(Real Estate Investment Trusts)

이름 그대로 부동산과 관련된 투자를 한다. 호텔, 오피스, 데이터센터, 창고, MBS(주택저당증권, Mortgage Backed Security) 등이 그 대상이다. 이를 위해 다양한 요건(이익 최소 90% 배당, 100인 이상의 주주, 총수익의 75% 이상이 부동산 관련 투자에서 발생할 것, 전체 자산의 75%는 부동산, 현금, 채권에 투자할 것)들을 충족시켜야 한다. 투자 대상, 상장 유무에 따라 지분형(Equity), 주택저당채권형(Mortage), 혼합형(Hybrid), 공모형(Public), 사모형(Private) 등으로 구분된다. 일반 부동산에 비해 소액으로 투자가 가능하며 거래가 용이하다는 장점이 있다. 리스크는 투자 대상에 따라 다르지만 기본적으로 금리 상승에 취약하다.

MLP(Master Limited Partnership)

대규모 재원이 필요한 천연자원 개발 등의 사업을 추진하기 위해 소액투자자로부터 자금 조달이 가능하도록 허용된 합자회사다. 법인세를 면제받기 위해서 천연자원 개발 등의 기업 활동을 통해 90% 이상 매출을 발생시켜야 한다. MLP는 2006년 셰일 혁명으로 급성장했다. 기업들은 새로운 원유·가스 개발을 위한 자금을 확보하기 위해 관련 자산을 MLP 형태로 이전하면서 유동화에 나섰다. MLP는 에너지 인프라 중에서도 미드스트림(운송, 저장) 형태가 다수를 차지한다. 미드스트림은 업스트림(개발, 탐사)에 비해 운송 물량에 의해 수익이 연동되어 비교적 안정적인 현금 흐름을 만들어낸다.

현지 투자자는 MLP 배당금의 80%는 매도 시까지 세금을 이연받는다. 이는 MLP의 대부분이 5~9%대의 높은 배당수익률을 보이고 있는 이유다. 하지만 배당금 지급으로 인해 현금 보유 비중이 낮아 증자에 의한 희석 위험이 존재한다. 게다가 MLP의 주가는 유가와 높은 상관관계를 가지고 있어 원유·천연가스의 가격 변동에 따른 손실 가능성에 주의해야 한다. 이러한 리스크들은 신용등급에 반영된다. 무디스 기준, MLP 주식 중 최고 신용등급은 BBB+다.

BDC(Business Development Company)

중소기업의 자금 조달을 돕는 일종의 캐피털 회사들이다. 각 회사별로 전문 분야에 따라 주식, 채권, CDO 등 다양한 자산에 투자한다. 현재 약 50개의 BDC 기업이 상장되어 있다. RICs(Regulated Investment Companies)의 일종으로 이익의 90%를 배당해야 하는 대신 배당 전 법인세가 면제된다. 그 결과 일반적으로 10% 수준의 높은 배당수익률을 제공한다. 하지만 그만큼 위험도가 높은 투자 자산이다.

금융 위기 같은 시스템 리스크에 취약하며, 레버리지를 활용해 부실 채권 같은 고위험 자산 투자를 하는 경우도 있어 주의가 필요하다. 단순히 과거 안정적인 배당금을 지급했다고 해서 안심할 수 없다.

CEF(Closed-End Fund)

펀드의 일종으로 개방형(Open-End Fund)과 다르게 투자 이후 환매가 되지 않는다는 것이 가장 큰 특징이다. 대신 펀드를 거래소에 상장해 원한다면 직접 팔아 투자금을 회수할 수 있다. 운용사 입장에서는 환매의 우려가 없기 때문에 레버리지를 사용해 공정 가치 평가가 어려운 부동산, ABS(자산유동화증권, Asset Backed Security), MBS, CLO(대출채권담보부증권, Collateralized Loan Obligation) 등 다양한 자산에 투자할 수 있다. 일반 펀드에 비해 수익률이 높은 편이나 그만큼 리스크가 크다. 한번 설정되면 추가 자금을 받지 않는 만큼 주식 수도 고정된다. 펀드 설정액에 따라 거래량이 적은 경우가 있어 주의가 필요하다. 펀드 존속 시기가 정해져 있으며 기준가보다 싸게 사서 청산 시점까지 투자할 경우 차액에 대한 이익이 발생한다.

주요 배당주 ETF 특징

티커	ETF명	펀드 총자산 (백만 달러)	3개월 평균 거래량 (천 주)	운용 보수 (%)	배당 빈도	배당 수익률 (%)	현재 주가 (달러)	52주 저가 (달러)	52주 고가 (달러)	수익률(%)			
										1M	3M	6M	12M
REITs (Real Estate Investment Trust)													
VNQ	Vanguard REIT ETF	36,390.8	5,040,249	0.12	분기	3.54	93.5	71.1	94.1	1.5	3.3	9.5	16.4
VNQI	Vanguard Global ex–US REIT ETF	5,752.9	458,677	0.12	분기	2.76	58.8	51.2	61.0	2.5	0.3	0.7	0.6
REET	iShares Global REIT ETF	1,782.2	325,960	0.14	분기	3.88	28.1	22.7	28.1	1.4	1.9	(3.6)	(5.2)
MLP (Master Limited Partnership)													
AMLP	Alerian MLP ETF	8,143.4	13,710.0	0.85	분기	8.42	9.0	8.3	11.0	5.4	(2.4)	(5.6)	(13.0)
EMLP	First Trust NA Energy Infrastructure Fund	2,557.8	343.5	0.95	분기	3.44	25.4	20.4	25.8	4.3	3.2	4.0	7.3
MLPX	Global X MLP & Energy Infrastructure ETF	705.7	481.3	0.45	분기	6.07	11.9	10.3	13.8	6.0	(1.8)	(4.9)	(8.3)
BDC (Business Development Company)													
BIZD	VanEck Vectors BDC Income ETF	216.8	58.5	9.41	분기	9.42	16.4	13.9	17.4	2.9	1.4	2.4	(1.9)
BDCL	UBS E-TRACS 2X Wells Fargo BDC ETN	185.0	67.0	0.85	분기	15.84	13.9	10.6	16.4	7.2	1.8	2.5	(9.3)
BCS	UBS E-TRACS Wells Fargo BDC ETN	85.2	16.7	0.85	분기	8.75	19.6	16.8	21.0	3.0	0.5	1.4	(3.7)
CEF (Closed End Fund)													
PCEF	Invesco CEF Income Composite ETF	760.9	147.8	2.25	월간	6.15	22.4	19.3	23.1	1.7	1.1	2.8	(1.0)
XMPT	VanEck Vectors CEF Municipal Income ETF	163.1	26.2	1.56	월간	5.02	27.9	23.0	28.0	(2.4)	1.8	6.2	9.7
FCEF	First Trust CEF Income Opportunity ETF	37.1	4.8	2.96	월간	5.37	21.8	17.8	22.4	3.4	2.1	3.8	0.9

참고: 2019년 9월 20일 기준, 자료: Bloomberg, 삼성증권

2

배당주의 구조적인 강세 가능성

- 마이너스 금리 시대

우리는 미국 배당주의 구조적인 강세 가능성에 주목한다. 저금리, 고령화, 소비 패턴의 변화는 단기간에 해결되기 어렵다. 현재까지도 좋았지만 이후에는 더 좋아질 가능성이 있다는 의미다. 점차 희귀해지는 고정된 수익(Yield)을 점하려는 글로벌 투자자들의 수요가 확산될 가능성이 크다. 마이너스 금리 채권에도 돈이 몰리는 세상이다. 불량 국가의 채권 수익보다 글로벌 초우량 기업의 배당 수익이 낫다는 사실을 깨닫는 데는 오랜 시간이 걸리지 않을 것이다.

마이너스 금리 시대

저금리 상황에서 배당주의 상대적인 강세는 익히 알려져 있다. 배당 귀족 인덱스와 성장주 인덱스 스프레드 및 미국 10년물 국채 흐름을 봐도 대체로 역의 상관관계를 나타낸다. 이는 일견 타당하다. 성장주보다 안전하고 채권에 비해 수익률이 매력적이다. 특히 현재와 같이 저금리 기조가 고착화되는 시점에서 배당주에 대한 선호는 강화될 가능성이 높다. 부실 채권의 대명사였던 그리스 국채가 미국 10년물 국채수익률을 하회하는 등 극단적인 일드 헌팅(Yield hunting)마저 관찰되고 있다.

2019년 최고의 히트 상품으로 손꼽히는 오스트리아 100년물 국채의 연초 대비 수익률은 무려 50%에 달한다. 듀레이션과 환율 리스크에도 불구하고 브라질, 러시아, 인도 등의 이머징 장기 국채(10년) 금리 또한 지속적으로 하락세를 이어가고 있다. 장기채의 하락은 그만큼 시장이 향후 경기 상황을 비관적으로 본다는 의미다. 구조적인 문제가 반영되어 있다는 의심이다. 즉, 단기 반등 가능성과 별개로 절대적인 금리 레벨은 상당 기간 낮은 수준에 머물러 있을 가능성이 크다.

치솟는 마이너스 금리 채권 규모

문제는 채권 금리가 지워지는 현상이 몇몇 국가에 한정된 일이 아니라는 것이다. 만성적인 글로벌 저성장에 대한 두려움이 점차 커지고 있다. 마이너스 금리가 지속되는 일본화에 대한 공포다. 유럽을 거쳐 미국과 기타 지역으로 전염되고 있다. 저금리 도미노다. 이를 반영하듯 전 세계 마이너스 수익률 채권 규모는 끝을 모르고 치솟고 있다. 2019년 10월 말 기준 13.5조 달러에 달한다. 이는 전례 없는 일이다. 과거에도 인구 고령화에 입각한 채권 강세에 대한 논의가 있었으나 구조적이라고 보는 시각은 크지 않았다.

　　마이너스 채권 금리는 금융기관의 자금 중개 기능을 약화시킨다. 단기에 빌려 장기로 대출해주는 은행들의 예대마진이 악화되기 때문이다. 실제로 일본 은행들의 경우 마이너스 금리가 도입된 2016년 초 수익성 악화와 함께 급격한 주가 조정을 보였다. 정부가 대신 유동성을 공급하자 은행이 마비되는 아이러니다. 결국 2016년 9월 일본 국채 10년물 금리를 0% 근처로 타깃팅하는 YCC(Yield Curve Control) 도입 후에야 진정세를 보였다. YCC의 목표 금리 하단은 -0.2%다. 하지만 경기 침체에 대한 우려가 커지며 -0.287%까지 하락했다. 정부의 통제를 벗어나고 있다. 일본 금융주의 주가도 2016년 수준으로 되돌아왔다. 유럽도 다르지 않다.

배당주의 구조적인 강세 가능성

최근 일본, 유럽, 미국 등 전 세계적인 장기금리 하락은 시사하는 바가 있다. 각국 중앙은행의 돈 풀기 정책이 문제를 해결해주지 못할 것이라는 시장의 의심이 점차 짙어지고 있는 것이다. 돈이 넘치니 보관 비용(중앙은행 예치금 수수료)만 높아진다. 어려운 환경에서 돈을 빌려 뭔가를 해보려는 사람이 감사하다(덴마크 마이너스 금리 모기지 등장). 마이너스 금리 채권이라도 가격 상승을 노린 자금이 추가로 유입된다. 그나마 기축통화인 달러를 포함한 경통화(Hard currency)를 보유한 국가들의 경우에는 이머징 국가에 비해 상대적으로 자본 유출 우려가 적다. 마이너스 금리는 전 세계가 연결된 상황에서 주요 통화 보유국들이 대신 유동성을 공급하지 않으면 글로벌 성장이 지속되기 어렵다는 반증인지도 모른다.

구조적인 저금리와 저성장이 우려되는 국면이라면 배당주가 유리하다. 태생적인 방어주이기 때문이다. 특히 ROE(자기자본이익률, Return On Equity) 하락 국면(경기 둔화)에서 유리하다. 한 기업의 ROE가 요구수익률보다 작을 경우 배당성향이 높을수록 PER(주가수익비율, Price Earning Ratio)도 높아진다. 실제로 미국 배당귀족지수는 금리 하락기와 ROE 하락기에 S&P500을 각각 4.5%p, 6.3%p 아웃퍼폼했다. 굳이 고든의 배당성장 모형을 들먹일 필요도 없다. 수익성 없는 사업에 재투자하느니 주주에게 나눠주는 것이 바람직하다. 자본 배분 효율성에 따른 기업가치 변화는 상식적이다.

늙어가는 투자자 = 배당주 수요 증가

고령화는 투자 패턴에 영향을 미친다. 리스크를 회피하고 안정적인 소득을 원하게 된다. 자본이득보다는 배당수익이 중요해지는 것이다. 배당주에 대한 수요는 더욱 커질 가능성이 높다.

일본 사례를 보면 더욱 명확하다. 일본은 1994년에 이미 고령 사회에 진입했다. MSCI(Morgan Stanley Capital International) 고배당지수가 만들어진 1999년 이후 시장 대비 초과수익률은 47%p에 달한다. 일본이 초고령사회에 진입한 2007년 이후에도 고배당지수의 초과수익률은 지속되고 있다(+12%p). 최근 장기금리 하락으로 일본 고배당지수에서 높은 비중을 차지하는 금융주의 약세를 감안하면 인상적인 결과다. 미국도 일본과 같은 상황이다. 베이비부머 세대의 은퇴가 시작되며 배당주에 대한 수요 증가가 예상된다. 미국은 2014년 이미 고령사회에 진입했다. 2028년 초고령사회에 진입할 예정이다. 글로벌 고령화도 문제다. 아프리카를 제외한 대부분의 지역에서 고령화가 빠르게 확산되고 있다. 글로벌 인구에서 고령인구(65세 이상)가 차지하는 비중은 2020년 9.3%일 것으로 추정된다. 절대적인 비중은 높지 않지만 문제는 증가 속도다. 최근 들어 전례 없이 가팔라지고 있다.

전 세계적으로 안정적인 수익을 원하는 사람이 많아지고 있다. 반면 채권을 포함, 고정적인 수익은 희귀해지고 있다. 미국 베이비부머 세대 은퇴와 글로벌 고령화로 인한 미국 배당주 프리미엄의 구조적인 할증 가능성에 주목할 때다.

배당주의 구조적 강세 배경

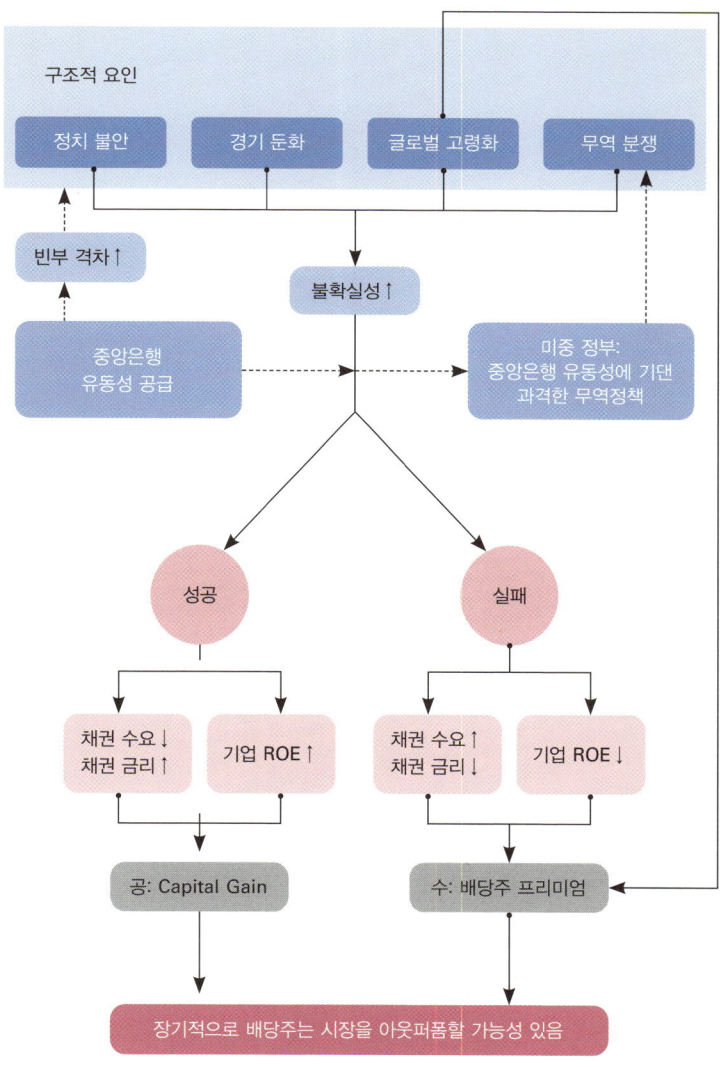

자료: 삼성증권 정리

3

배당주 투자의 정석

- 건물주가 부럽지 않다

배당주 투자의 제1원칙은 지속 가능성이다. 고배당의 유혹에 현혹될 필요 없다. 기업은 배당을 꾸준히 지급해야 한다. 증액하면 더 좋다. 주가에 일희일비하지 말고 펀더멘털 체크를 통해 배당컷에 대한 리스크만 피하면 된다. 연금을 받는다는 느낌으로 접근하는 편이 바람직하다. 시간이 지날수록 불확실성은 극복될 것이다. 이미 검증된 전략이지만 실행의 문제다. 원래 정석이 어려운 법이다.

배당성장주 vs. 고배당주

고배당 함정(Dividend yield trap)을 조심하자

고배당은 고수익을 의미하지 않는다. 단순히 높은 배당수익률만 보고 종목을 선택한다면 낭패를 보기 쉽다. 주가 하락에 의한 착시 현상일 가능성이 있기 때문이다. 공포의 배당컷(배당 삭감) 가능성도 높다. 기대하던 배당은 고사하고 자본 손실의 아픔으로 귀결될지도 모른다. 극단적인 예를 보면 이해하기 쉽다. S&P1500 기준 배당수익률 상위 10종목의 배당수익률 범위는 23.7%~12.2%에 달한다. 그러나 주가 하락폭이 더 크다. 1년 기준 범위가 −87.7%~−23.2%에 달한다.

배당수익률이 높은 종목들은 일단 경계할 필요가 있다. 배당수익률이 4.5%를 넘어가는 순간 최근 1년간 주가수익률이 크게 하락하는 모습을 보인다. 하이리스크-하이리턴의 법칙이 적용되는 것이다. 그러므로 개별 주식에 대한 깊은 이해가 반드시 선행되어야 한다.

배당성장주 vs. 고배당주

배당성장주는 말 그대로 배당이 지속적으로 증가하는 주식들이다. 앞서 소개한 배당왕, 배당귀족 등이 대표적이다. 고배당주는 배당수익률이 높은 주식을 의미하지만 절대적인 기준은 없다. 다만 최소 미국 10년물 국채 금리(2019년 11월 18일 기준 1.82%)보다는 높아야 한다는 것에 많은 투자자들이 동의하는 상황이다. 극단적인 가정이지만 미국 10년물 국채 금리가 -2%까지 하락하는 상황에서는 1%의 배당도 고배당주로 분류될 수 있다. 상대적인 개념인 것이다.

배당성장주를 선호하는 이유

배당성장주는 장기적으로 고배당주를 아웃퍼폼한다. 이유는 지속 가능성이다. 배당의 절대적인 양보다 질이 중요하다. 적절한 배당 성향을 유지하는 가운데 꾸준히 배당을 증액시키는 기업이 바람직하다. 돈도 벌지 못하는데 배당만 준다고 능사가 아니다.

배당성장주의 경우 현재 배당수익률이 낮다고 해도 실망할 필요가 없다. 주가의 장기 상승이 반영될 결과일 가능성이 크기 때문이다. 가령, 마스터카드의 경우 2019년 예상 배당수익률은 0.5% 수준이지만 2010년 이후 이 회사의 주가 상승률은 982.1%에 달한다. 2010년 주가를 기준으로 보면 현재 배당수익률은 5.9% 수준이다. 결코 낮지 않다.

결국 배당성장주에 대한 투자는 빠르면 빠를수록 이익이다. 주가에 일희일비하지 않고 꾸준히 분할 매수하면 된다. 분기 배당이 일반적이고 월마다 배당하는 주식도 존재한다. 오랜 기간 검증된 배당성장주의 존재 자체가 드물고, 연간으로 배당하는 한국 시장에서는 실현하기 어려운 전략이다.

회사에서 급여를 달마다 주는 이유가 있다. 일 년에 한 번 연봉

S&P1500상위 배당수익률 종목의 최근 1년 주가수익률

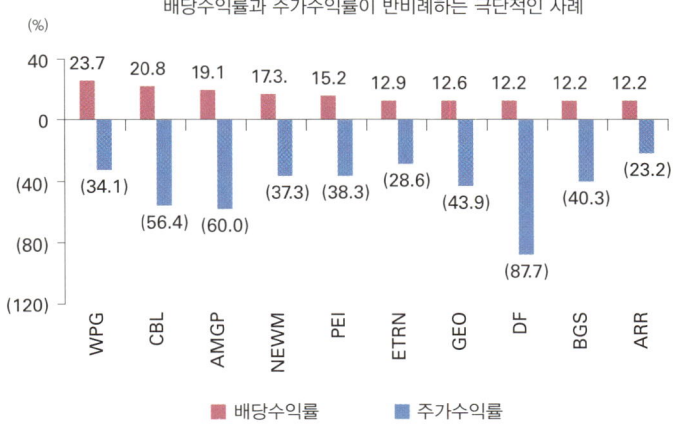

배당수익률과 주가수익률이 반비례하는 극단적인 사례

(%)

WPG 23.7 (34.1)
CBL 20.8 (56.4)
AMGP 19.1 (60.0)
NEWM 17.3. (37.3)
PEI 15.2 (38.3)
ETRN 12.9 (28.6)
GEO 12.6 (43.9)
DF 12.2 (87.7)
BGS 12.2 (40.3)
ARR 12.2 (23.2)

■ 배당수익률　■ 주가수익률

자료: Thomson Reuters, 삼성증권

S&P1500 종목 배당수익률 구간별 평균수익률 (최근 1년)

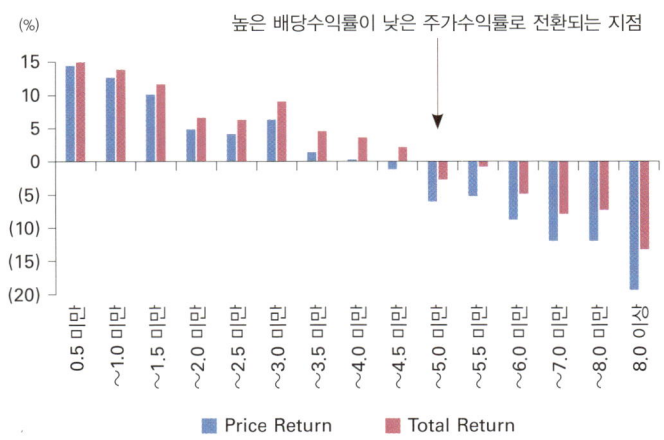

(%)

높은 배당수익률이 낮은 주가수익률로 전환되는 지점

0.5 미만
~1.0 미만
~1.5 미만
~2.0 미만
~2.5 미만
~3.0 미만
~3.5 미만
~4.0 미만
~4.5 미만
~5.0 미만
~5.5 미만
~6.0 미만
~7.0 미만
~8.0 미만
8.0 이상

■ Price Return　■ Total Return

자료: Thomson Reuters, 삼성증권

을 지급하는 회사는 다니기 싫다. 배당주 투자도 마찬가지다. 달마다 꾸준히 입금되는 배당금(월급)이 인상되는 기쁨은 금융 시장의 가혹한 불확실성을 이겨낼 수 있는 힘이 된다. 더 이상 건물주가 부럽지 않게 될 것이다.

폭락장 = 배당주 바겐세일

평생 10% 이자를 지급하는 통장을 만들 기회?

배당주도 결국 주식이다. 하락장에서 상대적으로 방어가 될 뿐이지 손실이 발생할 위험은 여전히 존재한다. 그러나 배당주 투자자에게 시장 급락으로 인한 배당주 하락은 좋은 매수 기회를 제공한다. 물론 위기 시에도 회사의 배당 여력이 크게 감소하지 않을 정도의 펀더멘털을 유지하는지에 대한 분석은 필요하다.

기본적으로는 오랜 기간 검증된 배당성장주를 선택하는 것이 안전하다. 그러나 개별 종목에 대한 철저한 분석이 선행된다면 고배당주도 나쁘지 않다. 배당컷만 피할 수 있다면 회사가 망하지 않는 이상 평생 고배당을 받으며 마음 편한 노후를 보낼 수 있다. 제로금리 시대가 도래한다면 더할 나위 없는 축복일 것이다. 만일 금융 위기 S&P500지수 저점인 2009년 3월 9일에 배당귀족지수에 속해 있던 우량주들을 매수했다면 어떤 결과로 이어졌을까? 주가 상승에 의한 자본이득(2019년 9월 20일 기준)을 제외해도 배당으로만 투자금의 42~96%에 달하는 금액을 회수할 수 있었을 것이다.

S&P500 배당귀족지수와 고배당지수 장기 추이

(1996.01=100)

배당성장주는 장기적으로 고배당주를 아웃퍼폼

+592%

+384%

— S&P500 배당귀족지수　　— S&P500 고배당지수

자료: Thomson Reuters, 삼성증권

주요 배당귀족 기업 배당수익률 및 주가수익률

기업명	티커	2010년 기준 배당수익률(%)	2019년 기준 배당수익률(%)	주가 수익률(%)
AO스미스	AOS	10.1	1.9	421.8
VF	VFC	9.5	2.3	305.8
신타스	CTAS	9.1	0.9	860.9
로우스	LOW	8.8	2.0	345.0
일리노이툴워크	ITW	8.0	2.5	215.7
오토매틱데이터프로세싱	ADP	7.8	1.9	299.6
신시내티파이낸셜	CINF	7.1	2.0	257.2
레겟&플랫	LEG	7.0	3.1	125.4
AT&T	T	6.9	5.3	31.0
킴벌리클라크	KMB	6.8	3.1	119.9

참고: 2010년 기준 배당수익률 = (2019년 DPS/2010년 주가)

보수적이라면 우선주

보수적인 배당주 투자자라면 이조차도 불안할 수 있다. 그럴 때는 미국 우선주(Preferred stock)에 관심을 가질 필요가 있다. 의결권이 없는 대신 배당에 대한 우선권이 있고 고정된 배당을 지급한다. 리스크와 수익률 측면에서 보통주와 채권의 중간에 위치한 자산이다.

미국 우선주는 일반적으로 배당금이 액면가(보통 25달러)에 고정된다. 고정배당률은 보통 4~5% 이상으로 시중 예금보다 높다. 상당히 매력적인 상품이지만 주의할 점이 있다. 기본적으로 미국 우선주는 정해진 만기가 없다(Perpetual). 대신 발행 회사는 매입권리를 가지고 있다. 회사가 원한다면 언제든지 우선주를 다시 사서 없앨 수 있는 것이다. 보통 매입 30~60일 전에 통지된다. 매입권리가 행사될 경우 우선주 투자자는 주당 액면가를 돌려받는다. 액면가보다 비싸게 샀다면 프리미엄만큼 손해다. 물론 반대의 경우도 가능하다. 미리 매입권리 발생 기준일(Callable date)를 잘 확인할 필요가 있다.

우선주는 배당에 문제가 생기지 않는 이상 보통주에 비해 변동성이 작다. 주가 자체가 크게 오르지 않으며 떨어지더라도 회복력이 강하다. 예금금리에 만족하지 못하는 투자자라면 시장 급락 시 우선적으로 매수해볼 수 있을 것이다. 보통 한번 사두면 잘 팔지 않기 때문에 거래량이 적다는 점은 미리 고려해야 한다.

목록장 배당주 투자 예시

종목명	티커	S&P500지수 저점 시기 주가(달러)	현재 주가(달러)	주가 상승률(%)	누적 배당금 총액(달러)	회수율(%)	2009년 기준 배당수익률*(%)	2019년 기준 배당수익률**(%)
존슨앤드존슨	JNJ	46.60	132.04	183.3	31.60	67.80	7.7	2.7
월마트	WMT	47.51	117.26	146.8	20.06	42.23	4.5	1.8
P&G	PG	44.18	124.51	181.8	27.06	61.26	6.5	2.3
엑슨 모빌	XOM	64.57	67.57	4.6	28.85	44.68	5.1	4.9
AT&T	T	21.72	38.49	77.2	20.93	96.36	9.4	5.3
코카콜라	KO	19.38	54.43	180.9	15.53	80.15	8.3	2.9
쉐브론	CVX	58.28	116.14	99.3	43.68	74.95	8.2	4.1
펩시코	PEP	45.81	137.17	199.4	29.56	64.52	8.1	2.7
맥도날드	MCD	52.32	196.70	276.0	36.29	69.35	8.9	2.4
애보트 래버러토리	ABT	22.32	83.61	274.6	15.83	70.92	5.7	1.5
평균				162.4		67.22	7.2	3.1

참고: 배당귀족지수 포함 종목 중 시가총액 상위 10개 종목
*2009년 기준 배당수익률: 2019년 예상 DPS / 2009년 주가(3/9)
**2019년 기준 배당수익률: 2019년 예상 DPS / 2019년 주가(9/20)
자료: Bloomberg, 삼성증권

배당컷의 공포

배당을 줄이거나 중단하는 배당컷은 배당주 투자자의 최대 시련이다. 배당주 투자자는 보수적인 경우가 많다. 회사는 어려워도 배당은 줄이지 않는다는 신뢰 속에 단기적인 주가 하락을 버티며 오랫동안 보유하는 투자자들이 많다. 오히려 높아진 배당수익률을 호재로 여기며 추가로 매수하는 경우도 빈번하다. 그 믿음이 깨지는 순간 신뢰는 공포로 전환된다. 사고 안 치던 모범생의 일탈이기 때문에 주가는 격하게 반응한다.

GE, 크래프트 하인즈, 테바 같은 대형 회사들도 예외는 아니다. 수십 년간 유지하던 배당이 어려워질 만큼의 펀더멘털 하락이 나타났다. 이유도 다양하다. 트렌드 변화, 시스템 리스크, 유가 급락, M&A 실패 등을 예로 들 수 있다. 각 상황에 대한 기업의 내성도 다르다. 테바에게 금융 위기는 크게 영향을 미치지 못했다. 지갑이 가벼워도 아픈 사람은 약을 먹어야 하기 때문이다. 그러나 과도한 M&A 후유증으로 펀더멘털이 크게 훼손되었다. GE도 비슷한 케이스다. 크래프트 하인즈는 웰빙이라는 소비자 취향 변화에 적절히 대응하지 못하고 비용 절감에만 몰두하다 화를 자초했다.

현금 흐름에 영향

GE 주가 및 주당배당금 추이

테바 제약 주가 및 주당배당금 추이

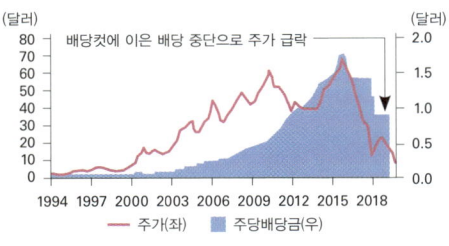

자료: Thomson Reuters, 삼성증권

을 미칠 정도의 펀더멘털 하락을 판단하는 것은 사실 전문 투자자도 쉽지 않다.

노련한 배당주 투자자들이 여러 종류의 기업들로 이루어진 배당주 포트폴리오를

선호하는 이유다.

4

미국 배당주 끝판왕?
– Old Kings vs. New Kings

50년 이상 빠짐없이 배당을 증액한 기업들(Old Kings)의 저력은 그 자체로 존중되어야 한다. 경기 침체, 금융 위기 등 수많은 위기를 견뎌낸 역전의 용사들이다. 그러나 IT 혁명, 글로벌 고령화 등 세상이 뒤바뀌는 뉴노멀은 일찍이 인류가 경험하지 못했던 변화다. 배당성장이라는 하나의 기준만으로는 불완전하다. 미래 50년을 버텨낼 수 있는 새로운 왕(New Kings)들이 등장할 차례다. 두 왕들 모두 장단점이 있다. 그러나 공통점은 명확하다. 미국 배당주를 논할 때 절대 빠질 수 없는 종목들이라는 점이다.

구관이 명관, Old Kings

상위 0.4%의 위엄

배당주라고 해서 만능은 아니다. 매크로, 섹터, 개별 기업 이슈로 인해 변동성이 확대될 여지가 있다. 자본 손실을 감수해야 하는 위험 자산에 속한다. 특히 배당에 대한 지속성이 의심될 경우 큰 폭의 주가 하락을 경험할 수 있다. 100년이 넘는 역사를 자랑하는 GE나 투자의 귀재 워렌 버핏까지 손실을 떠안아야 했던 테바 제약의 몰락을 떠올릴 필요가 있다.

50년이란 긴 세월 동안 꾸준히 배당을 늘려온 배당왕(Old Kings)의 저력은 그래서 더 주목할 수밖에 없다. 전체 상장기업(상장기업 개수: NYSE 3,130개, NASDAQ 3,510개 기준) 중 단 0.4%(26개)에게만 허락된 자리다. 시가총액 10조 원 이상으로 한정할 경우 15개 기업이 해당된다. S&P500지수에 편입된 종목들이다. 유동성과 안정성이 특히 고려되었다.

미국 기업의 평균수명은 20년에도 미치지 못한다. 50년은 생존하기도 벅찬 기간이다. 지속 기업으로서의 지위를 유지하며 배당까지 꾸준히 증액할 수 있는 경우는 드물다. 이들 기업은 1) 높은 진입 장벽(경제적 해자), 2) 강력한 브랜드 파워를 바탕으로 실생활과 밀

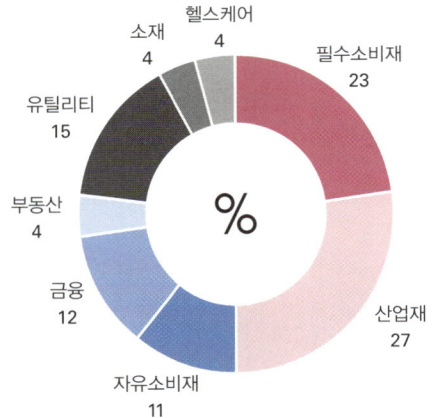

헬스케어
4

소재
4

필수소비재
23

유틸리티
15

%

부동산
4

금융
12

산업재
27

자유소비재
11

자료: Sure Dividend, Bloomberg, 삼성증권

접한 관련이 있는 경우가 많다. 배당왕 종목 중에 필수소비재, 유틸리티, 산업재 비중이 높은 이유다.

새로운 왕을 경배하라: New Kings

구배당왕이 아쉬운 이유

배당왕은 많은 장점에도 불구하고 몇 가지 단점이 존재한다. 대표적으로 1) IT 종목 소외, 2) 금융주 탈락, 3) 배당 연속 증액에 실패했지만 여전히 훌륭한 기업들이 배제된다는 점이다. 과거의 배당왕 종목이 반드시 유지된다는 보장은 없다. IT 기업의 발달과 함께 전통적인 해자들이 빠르게 무너지고 있기 때문이다. 아마존 같은 기업들은 기존 비즈니스를 파괴하고 교란하는 방식으로 성장한다. 과거 긴 시계열로 봐도 전례가 없던 일이다. 다시 말해 과거 10년 이하의 짧은 시계열을 가진 기업도 충분히 미래 50년을 책임질 배당주가 될 가능성이 있다.

IT 종목의 자동 제외

50년 연속 배당이란 조건을 제시할 경우 인터넷 태동 이후 탄생된 대부분의 기업들이 자동적으로 제외된다. IT의 경우 성장기를 지나 우리 생활에 없어선 안될 필수소비재의 영역으로 진입하고 있다는 점을 간과해서는 곤란하다. 가치투자의 대가 워렌 버핏이 이끄는 버크셔 해서웨이가 최근 애플과 아마존 주식을 대거 편입하기 시작했다는 사실을 상기할 필요가 있다. 콜라는 참을 수 있지만 SNS, 클라우드, 이커머스가 없는 생활은 상상하기 어렵다.

배당 규제로 인한 금융주 제외

아무리 훌륭한 금융주도 배당컷을 피하기는 어렵다. 시스템 리스크와 연결되어 있는 대표적인 규제 산업이다. 위기가 발생하면 정부가 배당을 통제하고 위기가 끝나도 바로 배당이 재개되지 않는다. 천천히 시간을 들여서 증가시킨다.

하지만 리만 사태 같은 특수 상황을 제외하면 금융주는 매력적인 배당주다. 특히 전 세계 경제 시스템을 컨트롤하는 미국의 거대 금융기관의 경우라면 더욱 그렇다. 금융 위기 이후 바젤 III를 대대적으로 도입하며 시스템 리스크는 과거에 비해 낮아졌다. 위기는 대체로 지나간다. 장기적으로 높은 수익률을 제공할 가능성을 배제할 수 없다.

신배당왕(New Kings)을 찾아라

신배당왕을 찾기 위한 기본 조건은 다음과 같다. 순서대로 모든 조건을 만족해야 한다.

1) 배당을 지급하는 S&P500 포함 기업 중에 최근 10년간 배당컷이 없을 것

S&P500에 속하는 기업들은 영속성이나 유동성 측면에서 상대적으로 크게 우려할 필요가 없다는 장점이 있다. 수많은 배당 종목을 압축하기 위한 기초 선별 과정이다. 구배당왕 선별 과정에서 큰 요인으로 작용했던 연속 배당 기준을 완화함으로써 기존 방식의 단점(IT, 금융주 탈락)을 보완하고 섹터 선정의 유연성을 확보했다.

2) 최근 5년, 10년 총수익 기준 상위 50%에 모두 포함

배당 재투자를 가정한 총수익(Total Return) 기준의 장점은 각기 다른 배당성향과 배당수익률을 가지고 있는 종목 간 비교가 용이하다는 점이다. 짧은 기간 전성기를 구가한 종목이 포함되는 것을 방지하기 위해 5년과 10년 수익률 상위 50% 조건을 달아 수익률의 지속성을 고려했다.

3) 2020년 매출액, 영업이익, 순이익이 2019년(FY) 예상치 대비 증가

2020년(FY) 매출액, 영업이익, 순이익이 2019년(FY) 예상치에 비해 증가해야 하는 것은 배당컷에 대한 위험이나 단기 주가 하락 가능성을 낮추기 위함이다. 단, 개별 기업의 특성에 따라 매출이나 순이익 적정 성장률이 다르다. 무조건 크게 개선되는 기업보다는 마이너스 성장하지 않는 수준이면 배당에 무리가 없다는 판단이다.

4) 현재 배당수익률 및 변형 배당수익률 기준 상위 50%에 모두 포함

현재 배당수익률은 중요하다. 수익률의 절대값도 중요하지만, 배당주 주가 하락 시 매수 타이밍을 잡아준다는 점에서 의미가 있다. 현재 배당수익률 자체는 높지 않아도 과거 얼마나 훌륭하게 배당을 늘려왔는가에 대한 기준도 충족해야 한다. 배당성장의 질적인 측면도 고려되어야 한다. 이를 동시에 충족하는 기업들을 찾아내기 위해 현재 배당수익률과 변형 배당수익률(2019년 예상 DPS / 2009년 주가) 기준 상위 50%를 조건으로 제시했다.

5) 개별 기업 바텀업(Bottom-up) 분석

마지막으로 각 기업의 바텀업 분석을 통해 개별 이슈, 섹터, 재무 지표, 정성적인 측면을 고려했다. 개별 기업에 대한 이해가 선행되어야 단순한 지수 추종이 아닌 상황에 맞는 리밸런싱이 가능해진다. 해당 기업의 편입 비중이나 타이밍을 정할 때도 도움이 된다. 최종 15개 종목이 선정되었다.

　전반적으로 IT와 금융주가 포함되는 필터이기 때문에 구배당왕 포트폴리오보다 공격적이다. 반면 금융 위기 이후의 뉴노멀에 조금 더 최적화되었다. 결과적으로 구배당왕 포트폴리오에 비해 시스템 리스크에 조금 더 취약할 가능성이 있지만, 점진적인 경기 둔화 시나리오에서는 아웃퍼폼이 기대되는 조합일 수 있다.

신배당왕 종목 섹터 비중

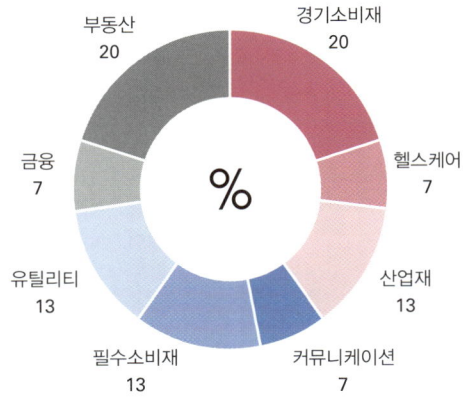

자료: Thomson Reuters, 삼성증권

신배당왕 스크리닝 프로세스

기본 조건	S&P500 포함+10년간 배당컷(배당금 하락x)	282개
수익률 조건	5년 및 10년 총수익 상위 50%	112개
펀더멘털 조건	FY1 대비 FY2 매출액/영업이익/순이익 성장	105개
배당수익률	2019년 기준 배당수익률* 상위 50%	27개

바텀업 기업 분석

신배당왕 15개 종목

참고: 배당수익률은 현재 배당수익률(2019년 예상 DPS / 2019년 주가) 및
변형 배당수익률(2019년 예상 DPS / 2009년 주가)
자료: 삼성증권 정리

해외 주식 세금, 무엇이 다른가?

양도소득세

해외 주식은 국내 주식과 달리 매매차익에 양도소득세를 부과한다. 해외 주식 양도소득세 과세기간은 직전 해 1월 1일부터 12월 31일까지로, 결제일을 기준으로 발생한 매매차익에 대해 당해 5월에 신고납부 한다. 세율은 과세표준의 22%(양도소득세율20%+지방소득세2%)이며, 250만 원이 기본공제 대상이다.

> 해외 주식 양도소득 금액의 과표 산정
>
> 양도소득 과표금액 = 매도금액 − 매수금액 − 제비용 − 기본공제 금액(250만 원)
>
> * 매도금액 = 가격 × 수량 × 매도 시점의 기준 환율
>
> * 매수금액 = 가격 × 수량 × 매도 시점의 기준 환율
>
> * 제비용 = 제세금, 수수료 등

해외 주식 매도 사례별 양도소득 세액

Case 1

2017년 6월 5일 1,000만 원의 코카콜라(KO US) 주식을 매수하고,

2018년 12월 4일에 1,200만 원에 매도하여 거래 비용을 제하고 총 200만 원 수익이 발생했다. 투자자는 기본공제 대상인 250만 원 미만의 수익이 발생하여 2019년 5월에 납부해야 할 양도소득 세액은 0원이다.

Case 2

2017년 6월 5일 1,000만 원의 P&G(PG US) 주식을 매수하고, 2018년 12월 4일에 1,500만 원에 매도하여 거래 비용을 제하고 총 500만 원의 수익이 발생했다. 이 경우, 기본공제 대상인 250만 원을 제하고 2019년 5월에 투자자가 신고 납부해야 할 세금은 55만 원(=250만 원 × 22%)이다.

Case 3

2017년 6월 5일 존슨앤드존슨(JNJ US), 스타벅스(SBUX US) 주식을 각각 1,000만 원씩 매수. 2018년 12월 4일에 1,500만 원, 700만 원에 매도하여 거래 비용을 제하고 총 200만 원의 수익이 발생했다. 투자자는 존슨앤드존슨에서 기본공제 대상인 500만 원 이상의 수익이 발생했지만, 스타벅스(SBUX US)에서 300만 원의 손실이 발생했으므로 총 200만원의 투자 수익이 발생했다. 이 경우, 투자자는 250만 원 미만의 총수익이 발생했기 때문에 2019년 5월에 납부해야 할 양도세 금액은 0원이다.

해외 주식 양도소득세 유의 사항

첫째, 양도소득 금액의 손실상계는 해외 주식 간 거래만을 인정한다. 양도세 과세 대상은 부동산, 주식, 파생상품을 대상으로 해외/국내 분리하여 총 6개 그룹으로 분류된다. 양도소득세는 각 그룹 안에서만 상계가 가능하며 국내 주식과 해외 주식 간 혹은 국내 부동산과 해외 주식 간의 상계는 불가하다. 가령, 국내 부동산에서 2,000만 원 수익, 해외 주식에서 1,000만 원의 손실이 발생했다 하더라도 이들 간의 상계는 불가하다. 즉, 국내 부동산 2,000만 원에 대한 과표가 발생하게 되는 것이다.

둘째, 청산 또는 상장 폐지로 인한 손익금액 상계는 불가하다. 보유 주식의 청산 또는 상장 폐지의 경우 매매로 인한 손실로 인식되지 않아 수익과 상계가 불가하다. 만일 2019년 미국 주식을 통해 원화 환산 1,000만 원의 수익이 발생하고, 상장 폐지로 인해 1,000만 원의 손실이 발생했다라고 가정한다면, 2020년 5월에 신고해야 할 양도소득 금액은 1,000만 원인 것이다.

셋째, 양도소득 금액이 100만 원이 넘으면 연말정산 피부양자 자격을 잃게 된다. 연말정산 인적공제 소득기준은 양도소득 금액 100만 원 이하인 직계존속이다. 해외 주식 매매차익 역시 양도소득으로 간주되니, 해외 주식 투자 시 연말정산 역시 고려해야 할 사항 중 하나다.

배당소득세

원천징수

해외 주식 배당소득세는 국내 주식과 마찬가지로 현지 통화로 원천 징수되며, 원천징수율은 국가마다 상이하다. 다만, 현지 배당세율이 국내 배당세율(14%)보다 낮을 경우에는 국내에서 원화로 추가 징수된다. 반대로 현지에서 14%를 초과하는 배당세가 징수되더라도 환급은 불가하다. 또한 배당세율의 적용은 상장 국가가 아닌 해당 기업 소속 국가의 세율이 적용되기 때문에 거래 국가보다는 소속 국가를 살펴볼 필요가 있다.

Case 1. 존슨앤드존슨(JNJ US) 100주를 보유하고, 주당 1달러 배당을 가정
총 배당금 100달러가 발생했으나, 투자자가 받을 수 있는 금액은 85달러가 될 것이다. 15달러의 세금은 미국 현지에서 원천징수된다. 미국의 배당세율(15%)이 국내 배당세율(14%)을 초과하기 때문에 추가 원화 징수는 발생하지 않는다.

Case 2. 넷이즈(NTES US) 100주를 보유하고, 주당 1달러 배당을 가정(환율은 1달러 = 1,000원으로 가정)
총 배당금 100달러가 발생하며, 투자자는 그대로 100달러를 지급받게 된다. 넷이즈는 중국 기업이지만 등록 소재지가 케이맨제도(현지 세율 0%)다. 그러므로 중국 현지 세율(10%)을 적용받지 않고 케이맨제도의 세율이 적용된다. 현지에 지급하는 세금은 없고 원화 징수

세금만 발생하게 된다.

환율 및 과표의 산정

해외 주식 현금배당은 외화로 발생하기 때문에, 원화 과표 산정을 위한 환율의 적용을 받는다. 이에 활용되는 환율은 현지에서 지급되는 일자 환율이 아닌 한국에서 지급되는 일자의 한국은행 고시환율을 적용하여 과표를 산정한다.

해당 과표는 투자자의 금융소득을 결정하는 지표가 된다. 해외 주식에서 발생하는 소득도 타 이자/배당소득과 합산해 2,000만 원을 초과할 경우, 투자자는 금융소득 종합과세 대상이 된다. 다만 투자자가 미국 주식만 보유하며 기타 소득공제 및 세액공제 항목이 없다고 가정하고, 연간 배당금액으로 인한 원화 환산 과세표준이 5,800만 원(종합과세는 달러 배당금을 원화로 환산하여 과표산정)을 초과하지 않는다면, 투자자의 실효세율은 15%로 그 이하 과세표준과 동일하다.

예를 들면, 다음의 표와 같이 투자자가 2,000만 원 초과 배당소득으로 인한 종합소득세 과세표준이 1,000만 원이라면, 투자자는 원천징수로 15%를 이미 미국에 외화로 지급하여 실효세율 6% 이상의 세금을 미국에 납부했기 때문에 외국납부세액공제로 인해 추가적으로 국내에 납부해야 할 세금은 존재하지 않는다. 반면 과세표준 금액이 5,800만 원을 넘어서는 순간부터 실효세율이 미국 원천징수 세율(15%)을 넘어서기 때문에, 외국납부세액공제금액 이상으로 국내에 납부해야 할 세금이 발생하게 된다. 가령, 원화 환산 배당소득이 5,900만 원이 발생하게 된다면 달러로 15%의 세금을 미국에 원천징수로 납부하고 국내에는 9만 원의 세금을 추가로 납부해야 하는 것이다.

또한 금융소득을 포함한 종합과세소득이 3,400만 원 이상인 경우, 의료보험 피부양자 자격을 상실하여 지역가입자로 전환된다. 해외 주식 배당소득 역시 국내 금융소득과 마찬가지로 간주되기 때문에, 세금 등에 민감한 투자자라면 해외 주식 배당투자 시에도 이러한 부분을 염두에 두어야 할 것이다.

과세표준별 실효세율

과세표준 (만 원)	공제 전 세액 (만 원)	누진공제액 (만 원)	과세총액 (만 원)	실효세율 (%)
1,000	60	-	60	0.060
2,000	300	108	192	0.096
4,000	600	108	492	0.123
5,000	1,200	522	678	0.136
5,700	1,368	522	846	0.148
5,800	1,392	522	870	0.150
5,900	1,416	522	894	0.152
7,000	1,680	522	1,158	0.165

참고: * 해외 주식만 보유하고 있는 것으로 가정
* 2,000만 원 초과 대상 소득만을 적용
자료: 삼성증권 정리

주요 국가별 적용 세율

미국	중국	일본	홍콩	베트남
15%	10%	15.315%	0%	0%
영국	독일	프랑스	네덜란드	벨기에
0%	26.38%	30%	15%	15%

자료: 삼성증권 정리

추가 징수 사례별 비교

추가 배당세율(4.4%) − [국내 배당세율(14%) − 중국 배당세율(10%)] + 지방세(0.4%)

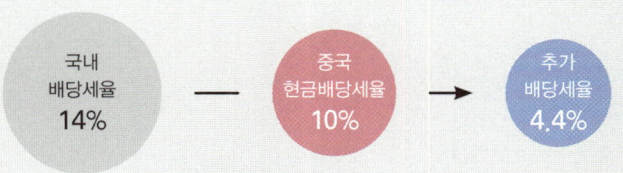

국내 배당세율 14% — 중국 현금배당세율 10% → 추가 배당세율 4.4%

추가 배당세율(X) − [국내 배당세율(14%) − 미국 배당세율(15%)]

국내 배당세율 14% — 미국 현금배당세율 15% → ✕

5

대표 구배당왕 기업 Top 15

Johnson & Johnson [JNJ US]

다각화 사업 포트폴리오로 지속적인 배당 창출

• • •

존슨앤드존슨은 130년 이상의 역사를 가진 글로벌 최대 헬스케어 기업 중 하나다. 1) 레미케이드를 필두로 다량의 파이프라인을 보유한 제약 부문, 2) 뉴트로지나와 베이비로션으로 알려진 소비재, 3) 의료기기 부문을 주 사업 분야로 하고 있다. 기존 의약품 경쟁이 치열해지고 있으나, 신약 파이프라인과 의료기기와 소비재 사업을 통해 기존 블록버스터 의약품 자리를 대체해가고 있다.

AT A GLANCE

현재 주가	132.04USD
블룸버그 평균 목표 주가	149.82USD
시가총액 (달러)	3,475.1억 달러
시가총액 (원)	404.3조 원
Shares (float)	2,637.3백만 주 (100%)
52주 최저/최고	122.84 / 147.84달러
90일-평균거래대금	10억 달러
국가	US
상장거래소	New York
산업	Pharmaceuticals

ONE-YEAR PERFORMANCE

	1M	6M	12M
Johnson & Johnson (%)	2.1	(6.5)	(5.7)
S&P500 대비 (%pts)	0.0	(9.6)	(17.7)

주가 vs EPS(주당순이익) 추정치

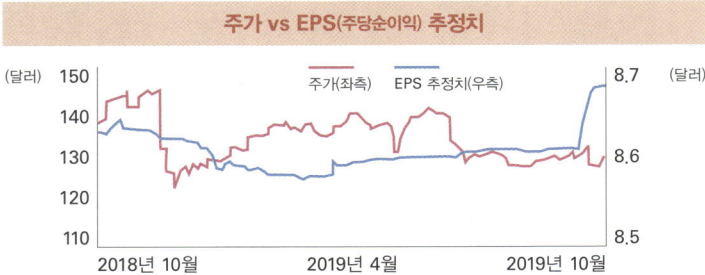

자료: Bloomberg, 삼성증권

SUMMARY FINANCIAL DATA

(12월 결산)	2017	2018	2019E	2020E
매출액 (백만 달러)	76,450	81,581	81,537	85,075
순이익 (백만 달러)	1,300	15,297	23,123	24,254
희석 EPS (달러)	0.5	5.6	8.6	9.1
희석 EPS 성장률 (%)	(92.1)	1,093.6	53.5	5.9
ROE (%)	2.0	25.5	34.8	35.7
P/E (배)	21.9	18.8	15.1	14.3
P/B (배)	6.2	5.7	5.5	5.1
EV/EBITDA (배)	16.2	13.0	12.0	10.7
배당수익률 (%)	2.4	2.8	2.9	3.1
배당성향 (%)	687.5	62.1	43.6	43.8

자료: Johnson & Johnson, Bloomberg, 삼성증권

배당 인사이트

존슨앤드존슨은 상장 이후 연평균 12.7% 가량 배당을 늘려왔다. 2019년은 주당 3.75달러의 배당이 예상된다. 현 주가 수준에서 예상되는 배당수익률은 2.9%로 S&P500 헬스케어 지수 배당수익률(1.82%)을 상회한다. 평균적인 배당성향은 50% 내외로, 향후 이익 증가와 함께 배당금 증가가 예상된다.

투자 포인트

신규 의약품의 선전

경쟁사의 바이오시밀러 출시로 기존 핵심 의약품의 매출 성장이 둔화되고 있는 상황이다. 하지만 다발골수종 치료제 다잘렉스(Darzalex) 와 같은 신규 라인 제품이 두 자릿수 성장을 보이고 있어, 레미케이드와 같은 기존 블록버스터의 자리를 안정적으로 대체해나가고 있다.

돌아온 베이비 파우더

2016년 존슨앤드존슨의 유아용 제품에서 석면이 검출되면서 소

송 및 배상금 이슈가 발생했다. 소송이 진정 국면에 들어가면서 2018년 동사는 유아용 제품 브랜드를 재출시했고, 이는 한 자릿수대 매출 성장을 기록하고 있는 소비재 부문의 성장에 기여할 수 있을 것으로 예상한다.

메드테크(Med-Tech)에 진입

존슨앤드존슨은 2019년 수술용 로봇 업체인 오리스 헬스에 50억 달러 이상 투자할 것을 발표했다. 이 밖에도 알파벳과 합작으로 로봇수술 기업인 버브 서지컬에 투자하는 등, 메드테크 시장이 동사의 새로운 성장동력이 될 것으로 기대된다.

리스크 요인

정부의 의료보험 개혁과 약가 인하 압박, 신규 제품 성공에 대한 불확실성, 소비재 부문 소송 리스크 및 배상 이슈의 발생 가능성이 존재한다.

주가 및 주당배당금 추이

자료: Thomson Reuters, 삼성증권

새로운 성장동력으로 볼 수 있는 수술용 로봇 시장 전망

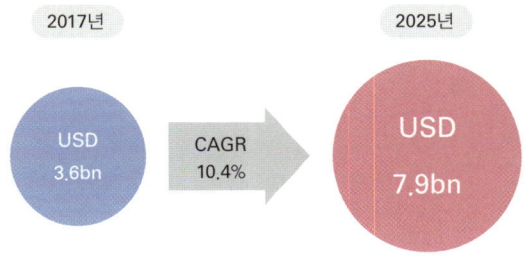

자료: WiseGuyReport, 삼성증권

매출액 및 성장률 추이

자료: Bloomberg, 삼성증권

P&G (PG US)

다이어트 및 체질 개선 효과의 산증인

· · ·

P&G는 소비자제품 섹터 글로벌 시가총액 및 매출액 1위 기업으로 180개 이상 국가에 진출했다. 질레트, 헤드앤드숄더, 팬틴, 오랄비, 다우니, SK II 등 주변에서 접할 수 있는 다양한 브랜드를 보유하고 있다. 2014년 이후 브랜드 집중화 및 사업부 개편을 진행하며 전략적 변화에 성공했다.

AT A GLANCE	
현재 주가	**124.51USD**
블룸버그 평균 목표 주가	127.00USD
시가총액 (달러)	3,105.0억 달러
시가총액 (원)	361.3조 원
Shares (float)	2,463.8백만 주 (98.5%)
52주 최저 / 최고	87.36 / 124.94달러
90일−평균거래대금	9억 달러
국가	US
상장거래소	New York
산업	Cosmetics/Personal Care

ONE−YEAR PERFORMANCE			
	1M	6M	12M
P&G (%)	0.1	16.9	40.4
S&P500 대비 (%pts)	(1.9)	13.8	28.4

주가 vs EPS(주당순이익) 추정치

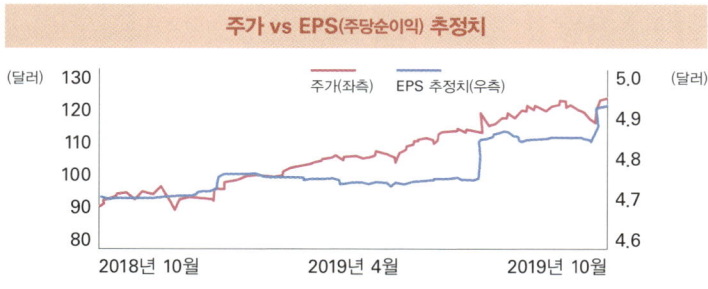

자료: Bloomberg, 삼성증권

SUMMARY FINANCIAL DATA

(6월 결산)	2018	2019E	2020E	2021E
매출액 (백만 달러)	66,832	67,684	70,228	72,664
순이익 (백만 달러)	9,750	3,897	12,705	13,385
희석 EPS (달러)	5.6	3.7	4.5	4.9
희석 EPS 성장률 (%)	51.5	(34.3)	22.0	8.5
ROE (%)	18.3	7.6	25.3	28.1
P/E (배)	18.7	25.1	25.1	23.6
P/B (배)	3.9	6.0	5.2	5.0
EV/EBITDA (배)	13.4	35.7	17.8	17.2
배당수익률 (%)	3.6	2.6	2.5	2.6
배당성향 (%)	77.1	206.3	61.9	60.8

자료: Bloomberg, 삼성증권

배당 인사이트

P&G는 63년간 배당을 증액시킨 전통적인 배당왕으로 분류되는 기업이다. 2019년 기준 연환산 주당배당금은 3.0달러 수준으로 지난 10년간 연평균 5.4% 성장했다. 12M FWD 예상 배당수익률은 2.5%로 시장 평균(S&P500, 1.94%)을 상회하는 수준이며, 예상 배당성향은 61.9%로 충분한 배당 상승 여력이 존재한다. 대부분의 미국 기업과 같이 분기별로 배당한다(2월, 5월, 8월, 11월 지급).

투자 포인트

턴어라운드의 정석

P&G는 탑라인과 이익단의 양방향 개선을 시현하고 있다. 2015~2018년 매출액의 유기적 성장률은 분기 1~2% 수준으로 소비자 제품 동종 경쟁사(콜게이트-팜올리브, 킴벌리 클라크, 크로락스, 처치&드와이트)에 비해 낮은 성장을 지속했다. 하지만 최근 분기(F4Q19) 및 FY19 성장률은 각각 7% 및 5%를 달성했으며, 향후 동종 기업 대비 높은 성장을 지속할 전망이다. 상승 전환에 성공한 매출총이익률도

2019년 하반기 추가적인 개선이 기대된다. 턴어라운드 전망은 세 가지에 기반한다. 1) 프로모션 감소에도 불구하고 지속 상승 중인 시장점유율, 2) 미국 내 세부 제품 가격 상승 추세 전환 및 추가 제품 가격 인상 여력 존재, 3) 원재료(원유/펄프 등) 가격의 하향 안정화 전망.

다이어트와 체질 개선은 계속된다

동사는 2014년 이후 슬림화 전략을 시행하고 있다. 2012년 170개 (16 카테고리)의 브랜드를 2018년 65개(10개 카테고리)로 축소하며 집중화에 성공했다. 2019년엔 시장 상황에 따른 유연한 대응을 목표로 새로운 조직 혁신 방안을 추진했다. 6개 제품 사업부에 독립적 권한을 부여했으며 비주요 시장 총괄사업부를 신설했다.

리스크 요인

1) 글로벌 제품 수요 둔화, 2) 원재료 가격 변동, 3) 신규 제품 론칭 실패.

주가 및 주당배당금 추이

(달러)

(달러)

자료: Thomson Reuters, 삼성증권

P&G 및 소비자 제품 기업 분기 유기적 매출액 성장률

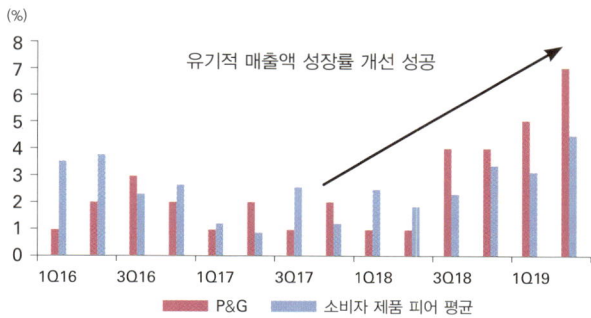

(%)

유기적 매출액 성장률 개선 성공

■ P&G   ■ 소비자 제품 피어 평균

자료: P&G, Bloomberg, 삼성증권

매출액 및 성장률 추이

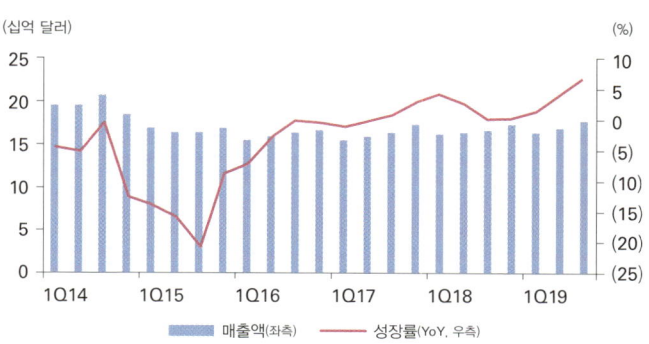

(십억 달러)

(%)

■ 매출액(좌측)   — 성장률(YoY, 우측)

자료: Bloomberg, 삼성증권

Coca Cola (KO US)

콜라가 코카콜라의 전부는 아니다

· · ·

코카콜라는 음료 기업 중 시가총액 및 매출액 기준 글로벌 1위 기업으로 200개국 이상에 진출했다. 500개 이상 음료 브랜드 산하에 4,300여 개 제품군을 보유하고 있다. 콜라를 비롯한 탄산음료로 유명하지만 스포츠음료, 생수, 주스, 커피, 에너지음료 등 다양한 포트폴리오를 구축했다. 1) 지속적인 M&A를 통한 신규 성장동력 확보, 2) 생산 및 제조의 현지화 전략에 기반한 조직 성장을 추구하고 있다.

AT A GLANCE

현재 주가	**54.43USD**
블룸버그 평균 목표 주가	58.50USD
시가총액 (달러)	2,332.0억 달러
시가총액 (원)	271.3조 원
Shares (float)	3,828.8백만 주 (89.5%)
52주 최저 / 최고	44.69 / 55.77달러
90일-평균거래대금	6억 달러
국가	US
상장거래소	New York
산업	Beverages

ONE-YEAR PERFORMANCE

	1M	6M	12M
Coca Cola (%)	(0.0)	10.9	13.7
S&P500 대비 (%pts)	(2.1)	7.8	1.7

주가 vs EPS(주당순이익) 추정치

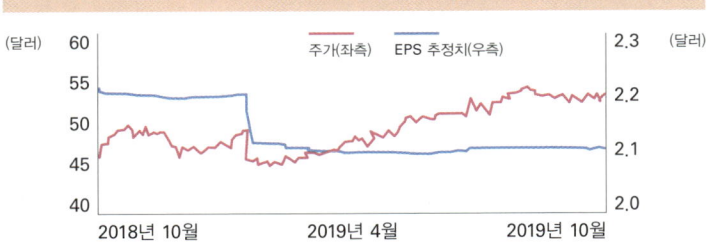

자료: Bloomberg, 삼성증권

SUMMARY FINANCIAL DATA

(12월 결산)	2017	2018	2019E	2020E
매출액 (백만 달러)	36,212	34,300	37,115	39,002
순이익 (백만 달러)	1,248	6,434	9,068	9,827
희석 EPS (달러)	0.3	1.5	2.1	2.3
희석 EPS 성장률 (%)	(80.5)	417.2	40.5	8.6
ROE (%)	6.2	37.8	50.7	52.6
P/E (배)	23.8	22.3	25.9	23.8
P/B (배)	11.4	11.9	12.6	13.7
EV/EBITDA (배)	24.9	22.7	23.0	21.1
배당수익률 (%)	3.2	3.3	3.0	3.1
배당성향 (%)	506.6	103.3	76.4	74.1

자료: Bloomberg, 삼성증권

배당 인사이트

코카콜라는 2019년 기준 57년간 매년 배당을 증액하여 지급한 배당왕 기업이다. 올해 연환산 주당배당금은 1.60달러 수준이며, 지난 10년간 연평균 6.9%씩 성장했다. 12M FWD 예상 배당수익률은 시장 평균(1.9%)을 상회하는 2.9%다. 분기별 배당을 지급한다(4월, 7월, 10월, 12월).

투자 포인트

높은 브랜드 가치 기반 다방면 포트폴리오 확장

코카콜라는 탄산음료 시장의 높은 점유율(50%이상)을 기반으로 강력한 브랜드 가치를 구축했다. 이를 바탕으로 탄산음료 이외 기타 음료 사업 부분에서도 상위권 점유율 구축에 성공했다. 활발한 M&A를 통한 포트폴리오 다각화로 기존 탄산음료 기업 이미지에서 탈피해 종합 음료 업체로 변신을 모색하고 있다.

커피 및 에너지음료 부문 높은 성장 기대

2019년 2분기에 인수한 코스타를 통해 RTD(Ready To Drink) 커피 제품을 영국에서 출시했으며, 2020년까지 10개국에 추가로 제품을 출시할 계획이다. 또한 코카콜라 브랜드를 기반으로 출시한 코카콜라 에너지는 현재 14개국에서 유통을 시작했다.

전략은 성장으로 이어진다

동사는 2Q19 시장 추정치(4.4%)를 상회하는 유기적 매출액 성장률 (6%)을 기록했다. 가격/믹스 요인(미니 캔 포장 등 고가 제품 증가)이 주요 역할을 했지만 비탄산음료 부문 확장 전략에 따른 볼륨 성장도 긍정적이다. 향후 소비자 제품 피어 대비 높은 유기적 매출액 성장이 지속될 것으로 전망된다.

리스크 요인

1) 글로벌 경기 둔화에 따른 소비 감소, 2) 부정적인 환효과, 3) 경쟁 격화에 따른 비탄산음료 사업 부문의 성장성 둔화.

주가 및 주당배당금 추이

(달러)

(달러)

자료: Thomson Reuters, 삼성증권

코카콜라 미국 지역 제품 부문별 침투율

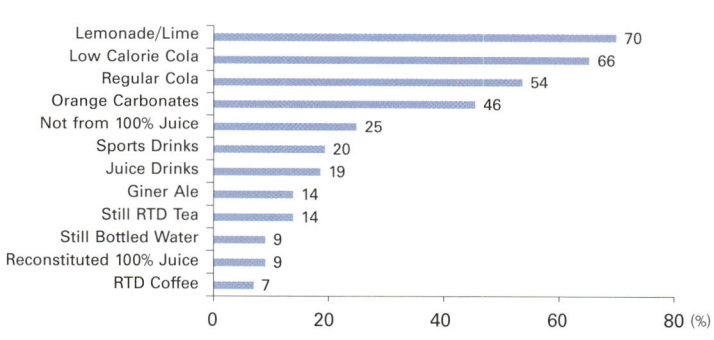

자료: Euromonitor, 삼성증권

매출액 및 성장률 추이

(십억 달러)

(%)

자료: Bloomberg, 삼성증권

3M (MMM US)

이익 성장의 장애물만 보이는 시점

· · ·

3M은 미국의 복합산업 기업으로 자동차, 전자, 에너지, 헬스케어, 운송 등 다양한 전방 산업에 노출되어 있다. 스카치테이프와 포스트잇 같은 문구류를 시작으로, 산업용 테이프와 접착제, 귀마개와 마스크 등의 안전 제품, 디스플레이 필름 등을 제조한다.

AT A GLANCE

현재 주가	**167.99USD**
블룸버그 평균 목표 주가	168.82USD
시가총액 (달러)	948.8억 달러
시가총액 (원)	110.4조 원
Shares (float)	574.4백만 주 (99.8%)
52주 최저 / 최고	154.74 / 219.50달러
90일-평균거래대금	5억 달러
국가	US
상장거래소	New York
산업	Miscellaneous / Manufacturing

ONE-YEAR PERFORMANCE

	1M	6M	12M
3M (%)	0.4	(12.9)	(13.3)
S&P500 대비 (%pts)	(1.7)	(16.0)	(25.3)

주가 vs EPS(주당순이익) 추정치

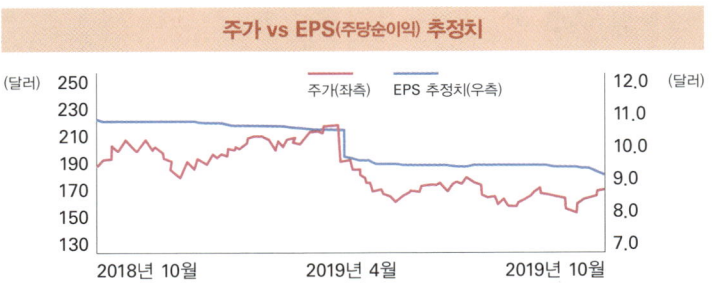

주가(좌측) EPS 추정치(우측)

자료: Bloomberg, 삼성증권

SUMMARY FINANCIAL DATA

(12월 결산)	2017	2018	2019E	2020E
매출액 (백만 달러)	31,657	32,765	32,481	33,521
순이익 (백만 달러)	4,858	5,349	5,508	5,884
희석 EPS (달러)	7.9	8.9	9.4	10.2
희석 EPS 성장률 (%)	(2.8)	12.1	5.6	8.2
ROE (%)	44.4	50.1	50.0	49.8
P/E (배)	27.5	18.8	17.8	16.5
P/B (배)	12.1	11.2	8.8	7.8
EV/EBITDA (배)	16.2	14.0	12.6	11.6
배당수익률 (%)	2.0	2.9	3.4	3.5
배당성향 (%)	57.7	59.7	60.3	58.1

자료: Bloomberg, 삼성증권

배당 인사이트

동사는 지난 60년간 배당을 꾸준히 증액했다. 올해 연간 주당배당금 컨센서스는 5.76달러로, 배당수익률은 약 3.4%다. 이는 시장 평균(S&P500)인 1.9%를 상회한다. 올해 예상 배당성향은 60% 수준이다. 동사는 분기 단위로 매년 3월, 6월, 9월 그리고 12월에 배당을 지급한다.

투자 포인트

비우호적 매크로 환경

3M은 다양한 전방 산업에 반제품을 납품하고, 해외 매출 비중이 약 60%로 높은 편이라 매크로 환경에 크게 영향을 받는다. 미중 무역 분쟁에 따른 경기 둔화 우려와, 이에 따른 전방 산업 기업들의 재고 조정으로 매출이 부진한 상황이다. 최근 달러 강세 역시 해외 매출 비중이 높은 동사에게 부정적으로 작용하고 있다.

자사주 매입 축소로 EPS 성장률 둔화 폭 확대

자사주 매입 축소 가능성은 EPS 성장률에 부담 요인이다. 지난 20년간(1999~2018년) 꾸준한 자사주 매입으로 동사 EPS 성장률은 순이익 성장률을 17번 상회했다. 하지만 2019년 어셀리티(Acelity) 인수를 위한 자금 조달 부담으로, 자사주 매입 계획을 기존 20~40억 달러에서 10~15억 달러로 축소했다. 그 가운데 전방 산업의 부진으로 시장은 매출액과 순이익 모두 감소할 것으로 예상하고 있다.

유해 물질 관련 소송 지속

한편, 3M은 다수의 지자체와 유해물질 폐기 관련 소송을 진행 중이다. 과거 2000년까지 동사 제품에 인체 유해 물질인 PFAS(과불화화합물)가 쓰인 것으로 확인되었으며, 미국 미네소타 주정부는 해당 물질이 식수까지 오염시켰다고 주장하며 소송을 제기했다. 2018년 2월 동사는 합의금 8.5억 달러를 지불했다. 그러나 올해 이와 관련하여 2.35억 달러의 충당금이 추가 설정된 상황이다. 과거 미국 앨라배마 주와 일리노이주, 그리고 벨기에와 독일 등에서도 PFAS 제품이 생산되었다. 해당 리스크로 이익과 현금 흐름 악화 가능성이 존재하고, 이는 자사주 매입 축소와도 연관될 수 있어 EPS 성장률에도 부담으로 작용하고 있다.

리스크 요인

1) 환율 변화, 2) 유해 물질 관련 소송 불확실성.

주가 및 주당배당금 추이

자료: Thomson Reuters, 삼성증권

지역별 매출 비중

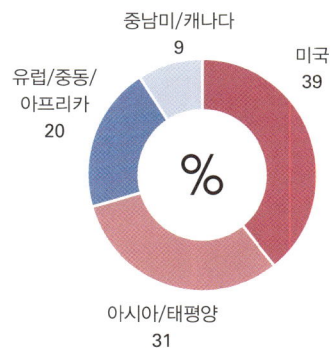

자료: 3M

매출액 및 성장률

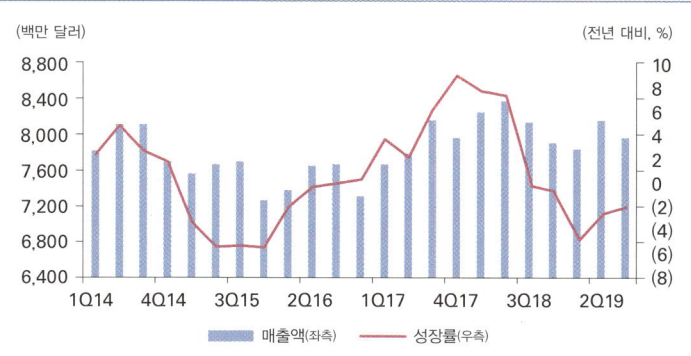

자료: 3M

Lowe's Companies (LOW US)

이인자의 반격

· · ·

로우스는 주택 개량, 유지·관리, 리모델링 관련 다양한 제품을 판매하는 미국의 소매 체인점이다. 동사는 미국을 중심으로 총 2천여 개 이상의 매장(미국 1,723개, 해외 292개)을 운영 중이며, 업계 내에서는 홈디포(Home Depot)에 이어 2위 사업자다. 홈디포와 마찬가지로 주택 건축 및 수리와 관련한 모든 제품을 제공하며, 주로 DIY 제품을 판매한다.

AT A GLANCE

현재 주가	**111.61USD**
블룸버그 평균 목표 주가	122.52USD
시가총액 (달러)	861.4억 달러
시가총액 (원)	100.2조 원
Shares (float)	770.4백만 주 (99.8%)
52주 최저 / 최고	85.96 / 117.18달러
90일-평균거래대금	5억 달러
국가	US
상장거래소	New York
산업	Retail

ONE-YEAR PERFORMANCE

	1M	6M	12M
Lowe's Companies (%)	1.5	(1.4)	17.2
S&P500 대비 (%pts)	(0.5)	(4.5)	5.2

주가 vs EPS(주당순이익) 추정치

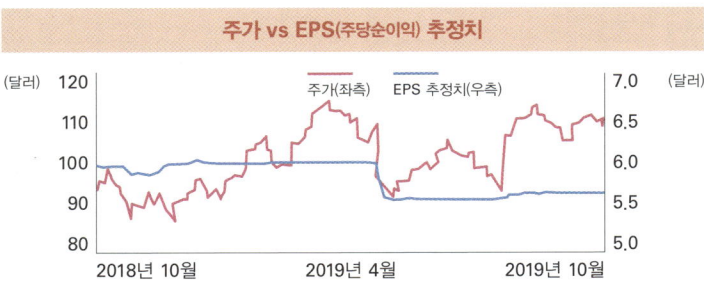

자료: Bloomberg, 삼성증권

SUMMARY FINANCIAL DATA

(1월 결산)	2018	2019	2020E	2021E
매출액 (백만 달러)	68,619	71,309	72,628	74,998
순이익 (백만 달러)	3,447	2,314	4,432	4,938
희석 EPS (달러)	4.1	5.1	5.7	6.7
희석 EPS 성장률 (%)	17.9	24.9	12.2	16.2
ROE (%)	56.0	48.5	143.8	291.6
P/E (배)	23.0	16.9	19.5	16.8
P/B (배)	14.3	21.3	34.4	86.3
EV/EBITDA (배)	12.3	16.6	13.4	12.1
배당수익률 (%)	1.6	1.9	1.9	2.2
배당성향 (%)	38.4	65.0	36.5	36.2

자료: Lowe's Companies, Bloomberg, 삼성증권

배당 인사이트

로우스는 56년 연속 배당을 증액시킨 미국 전통의 배당주로, 2018년 주당배당금은 1.92달러이며 지난 10년간 연평균 19.8% 성장했다. 2019년 예상 주당배당금은 2.20달러로 현재 주가 기준 1.9%의 배당수익률이 예상되며, 이는 시장 평균(S&P 500, 1.94%)과 유사한 수준이다. 대부분의 미국 기업과 같이 분기배당(1월, 4월, 7월, 10월)을 한다.

투자 포인트

이인자의 반격

2분기 연속 홈디포에 비해 높은 기존점 성장률을 기록했다는 점이 눈에 띈다. 로우스의 2분기 기존점 성장률은 2.3%(미국 3.2%)로 홈디포를 10bp 아웃퍼폼했으며, 지난 1분기에도 120bp 더 높은 성장률을 기록했다. 2010년 이후 9년간 단 두 개 분기만 홈디포를 아웃퍼폼했다는 점을 감안하면 올 상반기 로우스의 실적은 상당히 고무적이다.

매출총이익률 반등

로우스의 2분기 매출총이익률은 30.6%로, 지난 4분기 저점을 기록한 이후 2분기 연속 개선되었다. 이는 1) 제품 가격 인상, 2) 효율적인 프로모션 등이 주요 원인인 것으로 파악된다. 최근 재고관리 시스템, 상품 구색 개선 등의 작업으로 매출총이익률이 급격히 하락했으나, 사측은 내년까지 마진이 과거 평균 32~33%로 회복할 것으로 예상하고 있어 개선을 기대해볼 만하다.

판관비율 추가 개선 기대

동사의 2분기 매출액 대비 판관(판매 및 관리비)비율은 21.5%로 1분기 21.0%에 비해 소폭 높아졌다. 다만 2017년 이후 점진적으로 비용효율화가 이루어지며 판관비율은 지속적으로 개선 중에 있으며, 특히 최근에는 직원들의 생산성 향상을 위해 신규 근로 시스템을 도입하는 등 비용 효율화에 집중하는 모습이다. 홈디포와의 판관비율 차이가 3%p가량 차이가 난다는 점을 감안하면 향후 추가적인 개선 여력도 존재한다고 판단된다.

주가 및 주당배당금 추이

자료: Thomson Reuters, 삼성증권

기존점 성장률

최근 2개 분기 연속으로
홈디포 아웃퍼폼

자료: Lowe's Companies, 삼성증권

매출액 및 성장률

자료: Lowe's Companies, 삼성증권

Colgate-Palmolive [CL US]

높은 신흥 시장 비중은 양날의 검

· · ·

콜게이트-팜올리브는 미국의 대표 소비재 기업 중 하나로, 1) 주력 제품인 치약을 포함한 치아 위생 제품, 2) 비누와 세제, 3) 반려동물 사료 등을 제조하고 판매한다. 동사는 수출 비중이 높으며, 특히 치약은 중국과 인도를 제외한 대부분의 신흥 시장과 유럽에서 높은 점유율을 보유하고 있다. 최근 스킨케어 사업 비중을 확대 중이다.

AT A GLANCE

현재 주가	**68.60USD**
블룸버그 평균 목표 주가	73.53USD
시가총액 (달러)	587.9억 달러
시가총액 (원)	68.4조 원
Shares (float)	854.1백만 주 (99.5%)
52주 최저 / 최고	58.04 / 75.57달러
90일-평균거래대금	2억 달러
국가	US
상장거래소	New York
산업	Cosmetics/Personal Care

ONE-YEAR PERFORMANCE

	1M	6M	12M
Colgate-Palmolive (%)	(6.7)	(5.8)	15.2
S&P500 대비 (%pts)	(8.7)	(8.9)	3.2

주가 vs EPS(주당순이익) 추정치

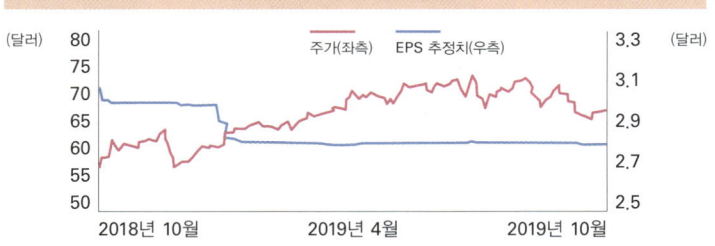

자료: Bloomberg, 삼성증권

SUMMARY FINANCIAL DATA

(12월 결산)	2017	2018	2019E	2020E
매출액 (백만 달러)	68,619	71,309	72,628	74,998
순이익 (백만 달러)	3,447	2,314	4,432	4,938
희석 EPS (달러)	4.1	5.1	5.7	6.7
희석 EPS 성장률 (%)	17.9	24.9	12.2	16.2
ROE (%)	56.0	48.5	143.8	291.6
P/E (배)	23.0	16.9	19.5	16.8
P/B (배)	14.3	21.3	34.4	86.3
EV/EBITDA (배)	12.3	16.6	13.4	12.1
배당수익률 (%)	1.6	1.9	1.9	2.2
배당성향 (%)	38.4	65.0	36.5	36.2

자료: Bloomberg, 삼성증권

배당 인사이트

콜게이트–팜올리브는 지난 55년간 배당을 꾸준히 증액했다. 올해 연간 주당배당금 컨센서스는 약 1.72달러로, 배당수익률은 약 2.4% 수준이다. 이는 시장 평균(S&P 500)인 1.9%를 상회하며, 올해 예상 배당성향은 61%다. 동사는 분기 단위로 매년 2월, 5월, 8월, 11월에 배당을 지급한다.

투자 포인트

사업 다각화 노력 지속

콜게이트는 2019년 3분기 필로르가(Laboratoires Filorga Cosmetiques) 를 인수하여, 성장성이 높은 시장으로의 노출을 확대하고 있다. 피 인수 기업 매출의 90%는 안티 에이징 제품으로 사측에 따르면 안 티에이징 시장은 스킨케어 시장(연평균 5~6% 성장) 내에서도 특히 빠 르게 성장 중이다. 회사는 해당 인수합병의 2020년 EPS 기여도가 0.01달러로, 단기로는 기여도가 그리 높지 않을 것으로 전망하고 있 다. 참고로, 2018년 EPS는 2.8달러다. 그러나 기존 사업의 성장률이 둔화되고 있는 점을 감안할 때, 사업 다각화 노력은 긍정적으로 판단된다.

주력 사업에서 가격 인상 능력 보유

콜게이트는 부정적 환 영향에도 불구하고, 가격 인상을 통해 유기적 (환 영향 제외) 매출 성장에 성공했다. 동사에 따르면 2019년 3분기에도 전반적으로 제품 가격을 1.5%가량 인상하는 데 성공했다. 특히 신흥시장 노출 비중이 높은 점을 감안하면, 가격 인상 능력을 보유하고 있다는 점은 고무적이다.

높은 신흥시장 노출 비중은 여전히 리스크

미국은 이미 성숙 시장임을 감안하면, 장기적으로는 신흥시장 위주의 지역 다변화가 긍정적이나, 현재의 거시경제 환경에서는 오히려 부정적으로 작용할 수도 있다. 동물 사료 사업을 제외한 동사의 북미 매출 비중은 약 25%에 불과한 것으로 추정된다. 유기적 매출은 성장하고 있을지라도, 재무제표상의 실제 이익에는 현 달러 강세가 부담이다. 실제로 시장은 올해 이익이 역성장할 것으로 예상하고 있는데, 달러 강세가 일부 요인으로 작용할 것으로 보인다.

리스크 요인

1) 높은 신흥시장 노출 비중, 2) 전 세계 제품 판매량 감소.

주가 및 주당배당금 추이

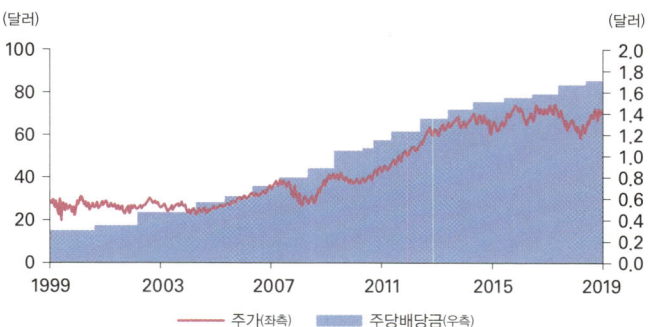

(달러)

(달러)

자료: Thomson Reuters, 삼성증권

부문별 매출 비중 (2Q19)

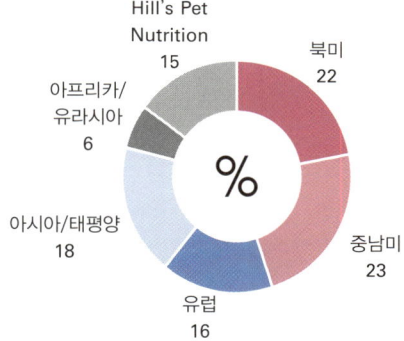

자료: Colgate-Palmolive

매출액 및 성장률

(백만 달러)

(전년 대비, %)

자료: Colgate-Palmolive

Target (TGT US)

유통 전쟁의 생존자로 부각

· · ·

타깃은 미국의 대형 할인매장으로, 오프라인 유통업체 중 월마트·코스트코에 이어 시가총액 3위를 차지하고 있다. 필수 가정용품, 전자제품, 의류, 식료품 등 다양한 제품을 판매하며, 현재 미국 전역에 1,851개 매장을 운영 중이다. 최근 온라인 주문 후 매장에서 픽업하는 드라이브업(Drive Up)과 식료품 배송 서비스인 십트(Shipt) 서비스를 통한 온라인 사업 부문의 성장세가 가파르다.

AT A GLANCE

현재 주가	**106.91USD**
블룸버그 평균 목표 주가	114.41USD
시가총액 (달러)	546.2억 달러
시가총액 (원)	63.6조 원
Shares (float)	509.7백만 주 (99.8%)
52주 최저 / 최고	61.13 / 113.68달러
90일-평균거래대금	5억 달러
국가	US
상장거래소	New York
산업	Retail

ONE-YEAR PERFORMANCE

	1M	6M	12M
Target (%)	0.0	38.1	27.8
S&P500 대비 (%pts)	(2.0)	35.0	15.8

주가 vs EPS(주당순이익) 추정치

자료: Bloomberg, 삼성증권

SUMMARY FINANCIAL DATA

(1월 결산)	2018	2019	2020E	2021E
매출액 (백만 달러)	72,714	75,356	78,263	80,641
순이익 (백만 달러)	2,914	2,937	3,162	3,288
희석 EPS (달러)	5.3	5.4	6.2	6.6
희석 EPS 성장률 (%)	12.6	2.7	14.0	6.3
ROE (%)	25.8	25.6	27.0	26.7
P/E (배)	15.6	13.2	17.4	16.4
P/B (배)	3.4	3.3	4.6	4.3
EV/EBITDA (배)	7.3	7.1	9.4	9.2
배당수익률 (%)	3.4	3.6	2.4	2.5
배당성향 (%)	46.6	46.0	42.3	41.8

자료: Target, Bloomberg, 삼성증권

배당 인사이트

타깃은 지난 48년간 배당을 증액시켜왔으며, 2018년 주당배당금은 2.46달러로 지난 10년간 연평균 14.3% 성장했다. FY2020 예상 주당배당금은 2.62달러로 현재 주가 기준 2.5%의 배당수익률이 예상되며, 이는 시장 평균(S&P 500, 1.94%)를 상회한다. 대부분의 미국 기업과 같이 연 4회의 분기배당(1월, 4월, 7월, 10월)을 한다.

투자 포인트

시장점유율 확대로 기존점 성장률 회복

2019년 8월, 실적 발표 직후 주가가 20.4% 급등했는데, 특히 기존점 성장률 +3.4%를 기록하며 업계 1위 월마트(+2.8%)를 뛰어넘은 점이 고무적이었다. 최근 천연 브랜드 에버스프링(Everspring)을 론칭하며 PB상품 라인업을 강화했고, 구매액의 1%에 해당하는 금액을 다음 구매 시 할인 적용해주는 로열티 프로그램인 타깃서클(Target Circle)을 확대하는 전략을 통해 오프라인 유통시장의 점유율을 높이는 점이 동사의 업계 내 생존 가능성을 높이고 있다.

리모델링을 통한 매출 성장 확보

동사는 지난 2년간 400여 개 매장을 리모델링했고, 2019~2020년에도 각각 300개 이상 매장의 리모델링을 계획 중이다. 최근 각종 기술 도입, 픽업센터, 드라이브스루 등을 위해 매장 리모델링을 가속화하고 있으며, 재구성된 매장은 2~4%의 매출 증대 효과가 있는 것으로 파악된다. 단기적으로 비용 증가를 수반할 수 있으나, 경쟁이 심화되는 상황에서 매출 성장 확보가 보다 중요하다고 판단된다.

온라인의 빠른 성장세에 주목

2Q19 실적 발표에서 타깃은 +34%의 이커머스 매출 성장을 시현했으며, 특히 매장 픽업 서비스인 드라이브업(Drive Up), 당일배송 서비스인 십트 등이 동사의 기존점 성장률(3.4%) 중 1.5%p를 차지하며 매출 성장을 견인했다. 이처럼 기존 매장을 라스트마일 인프라로 활용하며 효율성을 제고하고 있으며, 실제로 이는 물류센터에서 배송하는 것에 비해 40%의 비용 절감 효과가 있는 것으로 파악된다.

주가 및 주당배당액 추이

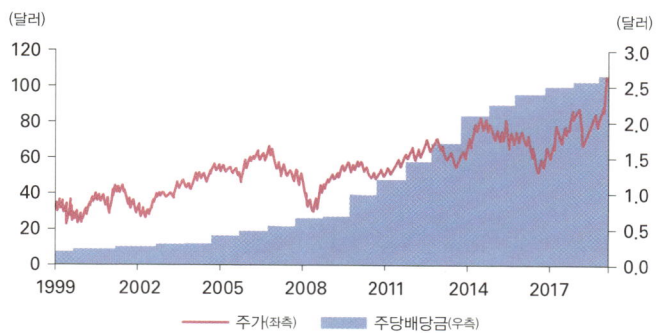

자료: Thomson Reuters, 삼성증권

기존점 매출(Same-Store Sales) 성장률

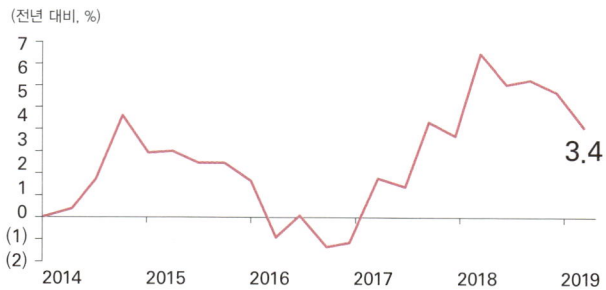

자료: Target, 삼성증권

온라인 매출액 추이

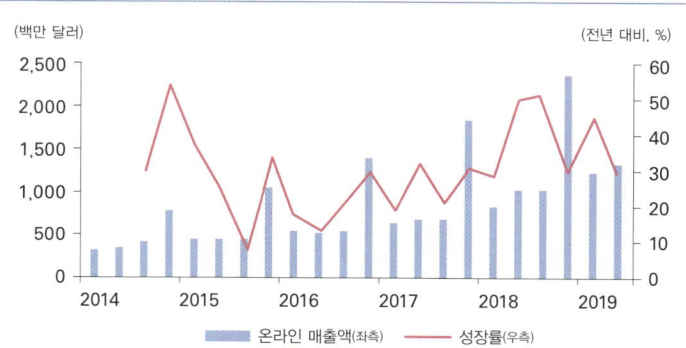

자료: Target, 삼성증권

Emerson Electric (EMR US)

목표는 주주가치 증대

· · ·

에머슨 일렉트릭의 주요 사업 부문은 1) 자동화 솔루션 부문(총 매출의 약 70%)과 2) 상업/주거용 솔루션 사업 부문(총 매출의 약 30%)이다. 동사는 공정자동화 분야에서 글로벌 선두의 경쟁력을 보유하고 있다. 해당 분야의 제품은 제약, 조선해양 및 오일&가스 산업에 사용되는 계측기기, 밸브 및 제어 시스템에 활용되며, 수요는 꾸준히 증가하고 있다.

AT A GLANCE

현재 주가	70.15USD
블룸버그 평균 목표 주가	71.91USD
시가총액 (달러)	431.5억 달러
시가총액 (원)	50.2조 원
Shares (float)	610.9백만 주 (99%)
52주 최저 / 최고	55.49 / 73.16달러
90일–평균거래대금	2억 달러
국가	US
상장거래소	New York
산업	Electrical Compo&Equip

ONE–YEAR PERFORMANCE

	1M	6M	12M
Emerson Electric (%)	4.9	(1.2)	3.3
S&P500 대비 (%pts)	2.9	(4.3)	(8.7)

주가 vs EPS(주당순이익) 추정치

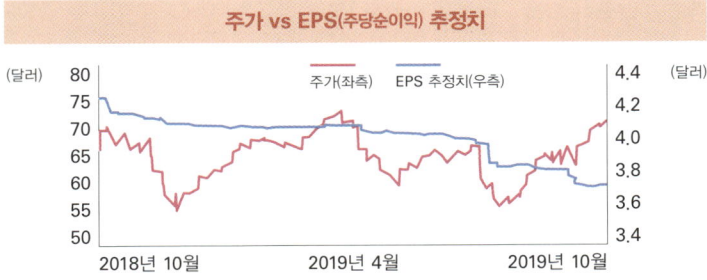

자료: Bloomberg, 삼성증권

SUMMARY FINANCIAL DATA

(12월 결산)	2017	2018	2019E	2020E
매출액 (백만 달러)	15,264	17,408	18,462	19,082
순이익 (백만 달러)	1,518	2,203	2,257	2,335
희석 EPS (달러)	2.4	3.5	3.6	3.8
희석 EPS 성장률 (%)	(6.7)	47.2	5.1	5.5
ROE (%)	18.6	24.9	25.4	25.9
P/E (배)	24.0	23.6	17.9	17.0
P/B (배)	4.6	5.4	4.6	4.4
EV/EBITDA (배)	13.4	14.5	11.2	10.7
배당수익률 (%)	3.1	2.5	3.0	3.1
배당성향 (%)	75.4	55.8	54.1	53.1

자료: Emerson Electric, Bloomberg, 삼성증권

배당 인사이트

에머슨 일렉트릭은 1956년부터 62년간 배당금을 증가시켜온 대표적인 배당 기업이다. 2019년 동사의 예상 배당금은 2.0달러 수준이며, 상장 이후 연평균 8% 가량 증가해왔다. 12개월 FWD 예상 배당수익률은 3.4% 이다. 배당금 증가 외에도 꾸준히 자사주 매입을 해오고 있어, 향후에도 주주 친화적인 정책이 기대된다.

투자 포인트

지속적인 M&A

동사는 2016년부터 3년간 인수 20건, 사업부 매각 10건을 하는 등 다수의 인수와 구조조정을 통해 성장했다. 최근에는 GE의 자동화 소프트웨어 사업부를 인수했으며, 최근 3년간 인수 규모만 해도 53억 달러에 달한다. 동사는 2021년까지 35억 달러 규모의 기업 인수를 진행할 것을 목표로 하고 있다. 그동안 쌓아온 노하우는 향후 M&A 기반 성장에 기여할 것으로 예상된다.

적극적 주주환원정책

동사는 배당과 별도로 1998년부터 자사주를 매입해왔다. 2019년부터 2021년까지 약 123억 달러의 현금 흐름이 기대되며, 60%를 주주에게 환원할 것을 발표했다. 구체적으로 배당으로 37억 달러, 자사주 매입으로 30억 달러를 활용할 것으로 예상된다. 2018년에도 10억 달러 규모의 자사주 매입을 실시했다. 이러한 행보는 적극적 주주가치 환원에 대한 철학을 보여주는 것으로 판단된다.

리스크 요인

자동화 솔루션 사업 부문 중에서도 오일&가스 사업부(총 매출의 25%)는 유가와 밀접한 관계를 가지고 있다. 유가의 변동성은 직접적으로 실적에 영향을 줄 수 있을 것이다. 또한, 상업/주거용 솔루션 사업의 상당 부분은 중국 시장이 차지하고 있기 때문에 미중 무역분쟁으로 인한 이슈가 부담으로 작용할 가능성이 높다.

주가 및 주당배당금 추이

자료: Thomson Reuters, 삼성증권

배당금 + 자사주 매입금액 증가 추이

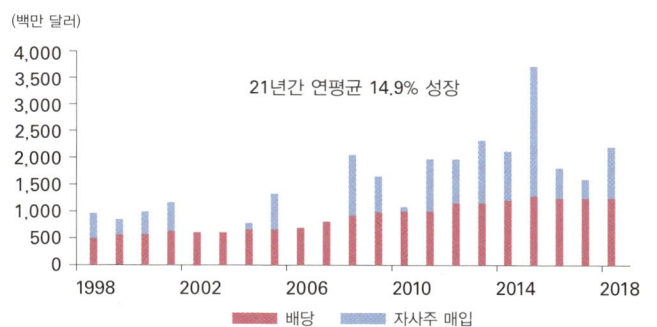

자료: Emerson Electric, Bloomberg, 삼성증권

매출액 및 성장률 추이

자료: Bloomberg, 삼성증권

Hormel Foods (HRL US)

SPAM은 제가 만듭니다

• • •

호멜 푸드는 스팸, 스키피(Skippy) 피넛버터, 제니오(Jennie-O) 칠면조 등으로 유명한 글로벌 식품기업으로 80개국 이상에 진출해 있다. 기존 보유 브랜드의 견고한 지위에 기반한 신규 브랜드 포트폴리오 확장으로 미국 내 81%의 가구가 동사의 제품을 소비하고 있다. 사업부는 식료품, 냉장식품, JOTS(Jennie-O Turkey Store), 해외 및 기타로 구성된다.

AT A GLANCE

현재 주가	40.89USD
블룸버그 평균 목표 주가	38.63USD
시가총액 (달러)	218.3십억 달러
시가총액 (원)	25.4조 원
Shares (float)	275.4백만 주 (51.6%)
52주 최저 / 최고	38.80 / 45.89달러
90일-평균거래대금	1억 달러
국가	US
상장거래소	New York
산업	Food

ONE-YEAR PERFORMANCE

	1M	6M	12M
Hormel Foods (%)	(6.5)	2.4	(6.3)
S&P500 대비 (%pts)	(8.5)	(0.7)	(18.3)

주가 vs EPS(주당순이익) 추정치

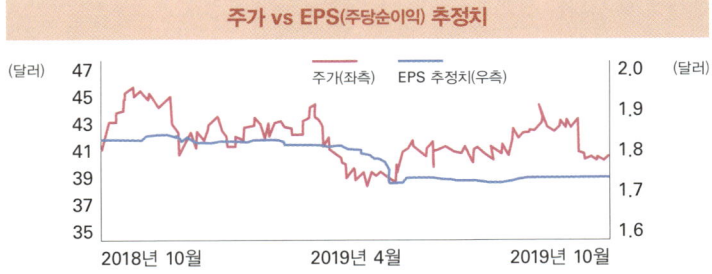

자료: Bloomberg, 삼성증권

SUMMARY FINANCIAL DATA

(10월 결산)	2017	2018	2019E	2020E
매출액 (백만 달러)	9,168	9,546	9,522	9,736
순이익 (백만 달러)	847	1,012	949	954
희석 EPS (달러)	1.6	1.9	1.7	1.8
희석 EPS 성장률 (%)	(4.3)	18.5	(6.3)	2.0
ROE (%)	18.0	19.2	17.3	16.1
P/E (배)	19.4	21.8	24.6	24.2
P/B (배)	3.3	3.9	3.8	3.6
EV/EBITDA (배)	11.2	16.3	16.9	16.5
배당수익률 (%)	2.2	1.8	2.0	2.1
배당성향 (%)	42.4	39.3	48.2	51.8

자료: Bloomberg, 삼성증권

배당 인사이트

호멜 푸드는 2019년을 포함해 54년간 배당금을 매년 증가시킨 기업이다. 2019년 기준 연환산 주당배당금은 0.80달러로 지난 10년간 연평균 16% 성장했다. 12M FWD 예상 배당수익률은 2.0%로 시장 평균과 유사한 수준이다. 주주환원정책에 중점을 두고 있는 만큼 배당성향과 배당수익률의 지속적 성장을 기대해볼 만하다.

투자 포인트

단기 악재는 분명히 존재

아시아 지역 아프리카돼지열병 영향으로 주력 제품의 원재료인 돈육 가격 변동성이 높아졌다. 소비자의 가격탄력성이 높아 비용 전가가 어렵기 때문에 마진 압박으로 작용하고 있다(사측은 올해 11억 달러 비용 소요 전망). 또한 미국 중서부 지역 홍수로 사료비 및 기타 부대비용이 증가하며 JOTS 사업 부문 마진 하락도 지속되고 있다.

중장기적 관점의 필요성

다만 중장기적으로 현재 이익률에 악영향을 미치는 요인이 지속될 가능성은 제한적이다. 1) 냉장 식품 부문 브랜드 상품의 견조한 성장과 2) 전략적 기업구조 개편 (2018년 12월 프레몬트 시설 매각 및 돈육 공급계약 형태로 전환) 등 공급체인 최적화를 통한 비용 절감 정책에 주목할 필요가 있다.

견조한 기존 브랜드 + 포트폴리오 확장 = 성공 공식

동사가 보유한 다양한 브랜드 중 상위권 점유율(1위, 2위)를 유지하고 있는 브랜드 개수는 40개를 상회한다. 동시에 인수 및 조인트벤처 설립 등을 통해 고성장 식품 카테고리(예: 멕시칸 푸드) 진출을 시도하고 있다. 높은 인지도를 기반으로 신규 브랜드 성장성은 경쟁 제품보다 높은 수준이다.

리스크 요인

1) 원재료 가격 변동 리스크(질병 발병 등 포함). 2) 환율 및 글로벌 무역 분쟁 관련 리스크.

주가 및 주당배당금 추이

(달러)

(달러)

1999 2002 2005 2008 2011 2014 2017

— 주가(좌측)   ▉ 주당배당금(우측)

자료: Thomson Reuters, 삼성증권

호멜 푸드 보유 브랜드 포트폴리오

자료: Hormel Foods, 삼성증권

매출액 및 성장률 추이

(십억 달러)

(%)

1Q14 1Q15 1Q16 1Q17 1Q18 1Q19

▉ 매출액(좌측)   — 성장률(YoY, 우측)

자료: Bloomberg, 삼성증권

Stanley Black & Decker [SWK US]

공구계의 절대 강자

· · ·

스탠리 블랙 & 데커는 글로벌 공구회사로 일반 소비자, 산업과 건설 분야에서 다양한 엔지니어 솔루션과 보안 솔루션 및 관련 공구를 제공한다. 사업부는 공구 & 스토리지(Tools & Storage), 보안(Security), 산업(Industrial) 3개 부문으로 구성된다. 공구 & 스토리지 부문은 매출액 기준 글로벌 1위로 다양한 유무선 전력 공구와 장비를 망라한다.

AT A GLANCE	
현재 주가	**151.33USD**
블룸버그 평균 목표 주가	162.87USD
시가총액 (달러)	230.0억 달러
시가총액 (원)	26.8조 원
Shares (float)	151.2백만 주 (99.6%)
52주 최저 / 최고	111.25 / 154.10달러
90일-평균거래대금	1억 달러
국가	US
상장거래소	New York
산업	Hand/Machine Tools

ONE-YEAR PERFORMANCE			
	1M	6M	12M
Stanley Black & Decker (%)	4.8	3.2	29.9
S&P500 대비 (%pts)	2.8	0.1	17.9

주가 vs EPS(주당순이익) 추정치

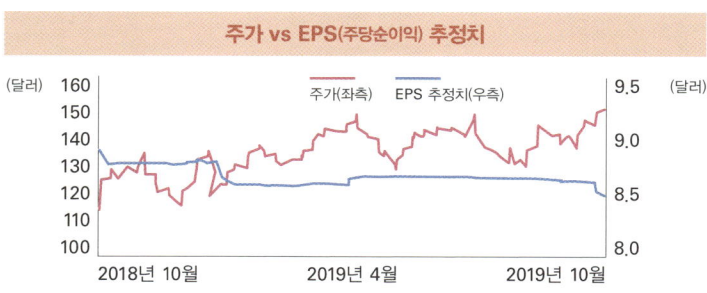

자료: Bloomberg, 삼성증권

SUMMARY FINANCIAL DATA

(12월 결산)	2017	2018	2019E	2020E
매출액 (백만 달러)	12,967	13,982	14,604	15,207
순이익 (백만 달러)	1,227	605	1,292	1,402
희석 EPS (달러)	8.1	4.0	8.6	9.4
희석 EPS 성장률 (%)	23.3	(50.4)	115.4	8.9
ROE (%)	17.6	8.3	15.3	15.4
P/E (배)	21.8	15.1	16.6	15.3
P/B (배)	3.5	2.5	2.5	2.3
EV/EBITDA (배)	13.8	13.0	11.3	10.0
배당수익률 (%)	1.4	2.2	1.9	2.0
배당성향 (%)	29.6	63.6	31.4	30.2

자료: Bloomberg, 삼성증권

배당 인사이트

동사는 143년간 연속으로 배당을 지급했고 그중 52년간 배당을 증액시킨 주주환원의 모범 기업이다. 2019년 기준 예상 연환산 배당금은 2.76달러로 지난 10년간 연평균 7.7% 성장했다. 배당수익률은 시장 평균(1.9%)과 유사하지만 높지 않은 배당성향(31.4%)에 따른 배당 상승 여력이 존재한다. 배당의 성장성 측면이 긍정적이다. 분기 배당을 한다(3월, 6월, 9월, 12월).

투자 포인트

공구 & 스토리지 브랜드 포트폴리오 구축 완료

공구 & 스토리지 부문은 FY2018 전사 매출액 70%(98억 달러)를 차지하는 중요 사업 부문으로 글로벌 시장점유율 1위 자리(15% 이상)를 유지하고 있다. 기존 보유 브랜드(Stanley, DeWALT 등)에 지속적인 인수합병을 통해 확보한 신규 브랜드(Craftman, Newell 등)를 더해 가격대 및 고객 분류에 따른 광범위한 브랜드 포지셔닝에 성공했다. 이에 기반해 2010년 이후 매년 시장점유율을 증가시키고 있다. 이

밖에 산업 부문은 현장에서 활용되는 다양한 형태의 부품과 완제품을 제공한다.

보안 산업에서 찾는 기회

보안 부문은 경보 감시, 비디오 감시 제품, 시스템 통합 및 유지 보수 서비스 등 종합적인 전자 안전 시스템 관련 사업을 영위한다. 전자 보안 서비스 시장은 연평균 3~5%씩 성장을 지속하지만 파편화가 상당히 심해 상위 15위 이내 기업들의 합산 점유율은 20%에 미치지 못한다. 다만, 보안 사업은 구독 형태에 기반한 월간 매출액이 발생되어 경기 둔화에도 안정적인 실적을 기대할 수 있다. 해당 부문 확장을 위한 인수합병 전략의 시행을 기대해볼 수 있다.

리스크 요인

1) 원재료(광물/수지) 가격 변동, 2) 무역분쟁을 비롯한 매크로 리스크 (부정적 환 효과 포함) 등.

주가 및 주당배당금 추이

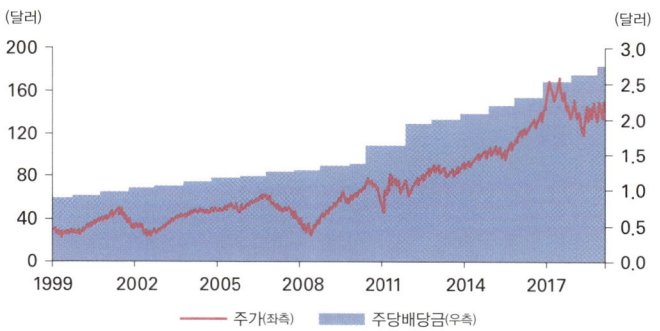

(달러) / (달러)

자료: Thomson Reuters, 삼성증권

공구 & 스토리지 부문 시장점유율 및 변화

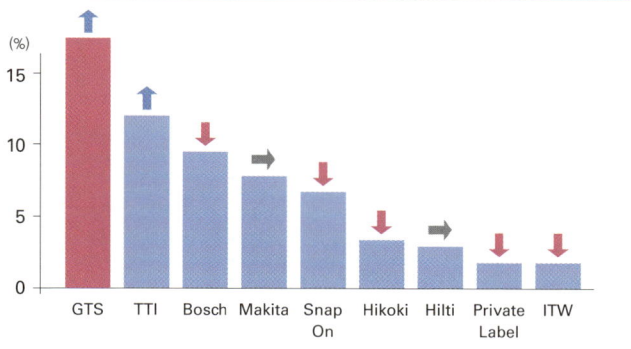

(%)

GTS TTI Bosch Makita Snap On Hikoki Hilti Private Label ITW

자료: Stanley Black & Decker, 삼성증권

매출액 및 성장률 추이

(십억 달러) / (%)

자료: Bloomberg, 삼성증권

Parker-Hannifin (PH US)

움직임을 만들다

· · ·

파커 하니핀은 모션 및 제어 기술 분야의 글로벌 리더로 다양한 산업에 정밀 엔지니어링 솔루션을 제공한다. 동사의 방대한 제품군은 주변의 움직이는 모든 곳에서 찾아볼 수 있다. 사업부는 다각화 산업재(매출액 비중 84%) 및 항공우주 시스템(16%)으로 구분되며 약 45만 5천 개 고객사를 보유하고 있다.

AT A GLANCE

현재 주가	183.49USD
블룸버그 평균 목표 주가	183.60USD
시가총액 (달러)	235.7억 달러
시가총액 (원)	27.4조 원
Shares (float)	127.6백만 주 (99.4%)
52주 최저 / 최고	141.11 / 193.95달러
90일-평균거래대금	1억 달러
국가	US
상장거래소	New York
산업	Miscellaneous Manufactur

ONE-YEAR PERFORMANCE

	1M	6M	12M
Parker Hannifin (%)	1.6	1.3	21.0
S&P500 대비 (%pts)	(0.4)	(1.8)	9.0

주가 vs EPS(주당순이익) 추정치

자료: Bloomberg, 삼성증권

SUMMARY FINANCIAL DATA

(6월 결산)	2018	2019	2020E	2021E
매출액 (백만 달러)	14,302	14,320	14,159	14,552
순이익 (백만 달러)	1,061	1,512	1,529	1,605
희석 EPS (달러)	7.8	11.6	11.9	12.5
희석 EPS 성장률 (%)	8.0	48.4	2.4	5.3
ROE (%)	19.1	25.6	23.2	21.2
P/E (배)	15.5	14.3	15.0	14.2
P/B (배)	3.5	3.7	3.3	2.9
EV/EBITDA (배)	10.5	10.2	9.5	8.8
배당수익률 (%)	1.8	1.9	1.9	2.0
배당성향 (%)	34.4	27.2	28.3	28.7

자료: Bloomberg, 삼성증권

배당 인사이트

파커 하니핀은 62년간 배당을 증액시킨 배당왕 기업이다. 2019년 기준 연환산 주당 배당금은 3.52달러로 지난 10년간 연평균 13.4% 성장했다. 예상 배당성향이 28% 수준으로 추가적인 배당 상승 여력이 존재하는 것도 긍정적이다. 다만 12M FWD 예상 배당수익률은 1.9%로 시장 평균(S&P500, 1.9%)과 유사하다. 분기 배당을 한다 (3월, 6월, 9월, 12월 지급).

투자 포인트

인수 시너지 효과 기대

파커 하니핀은 항공우주, 기후제어, 전자기계, 여과, 유체 및 가스 처리, 유압, 공압, 공정제어, 밀봉 및 차폐의 9개 분야에서 선도적인 기술을 보유하고 있다. 고객은 동사 제품과 기술력을 활용해 간단한 공정상 문제 해결부터 복잡한 시스템 구축까지 광범위하게 적용할 수 있다.

동사는 2019년 4월, 산업용 접착제 및 코팅 기술 기업(LORD

Corp), 7월에는 항공기 부품 기업(Exotic Metals Forming Company) 인수를 발표했다. 포트폴리오 다변화 및 사업부 매출 구성에 긍정적 효과가 기대된다. 또한 당초 예상보다 인수 관련 시너지 효과의 조기 인식이 가능할 것으로 전망된다(FY21부터 EPS에 긍정적 영향 전망).

변화의 시기, 마진을 높여라

최근 분기(F4Q19) 동사의 매출액 및 수주 트렌드는 역성장했다. 이는 1) 전반적인 엔드마켓 업황 둔화 및 2) 유통업체 재고에 기인한다. 다만 재고 이슈는 몇 분기 내 정상화가 전망된다. 또한 사측은 내부지표(Pressure curves)에 기반해 FY20 하반기 수요 턴어라운드를 예상하고 있다. 일정 기간 탑라인 부진 지속이 예상되는 상황에서 마진 성장세에 주목할 필요가 있다.

리스크 요인

1) 전반적 매크로 지표 둔화에 따른 산업 부품 수요 감소, 2) 예상보다 낮은 인수 시너지 효과 및 인수 관련 재무구조 악화.

주가 및 주당배당금 추이

파커 하니핀 수주 트렌드 (전년 대비)

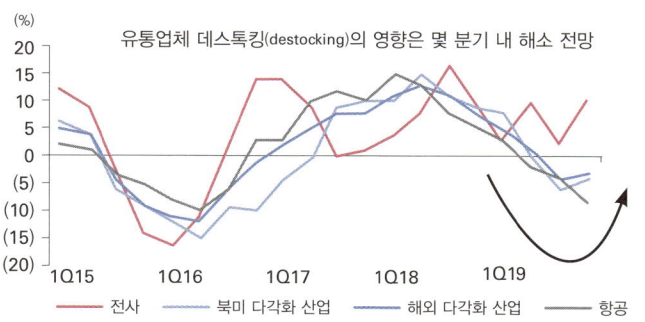

유통업체 데스톡킹(destocking)의 영향은 몇 분기 내 해소 전망

전사　북미 다각화 산업　해외 다각화 산업　항공

매출액 및 성장률 추이

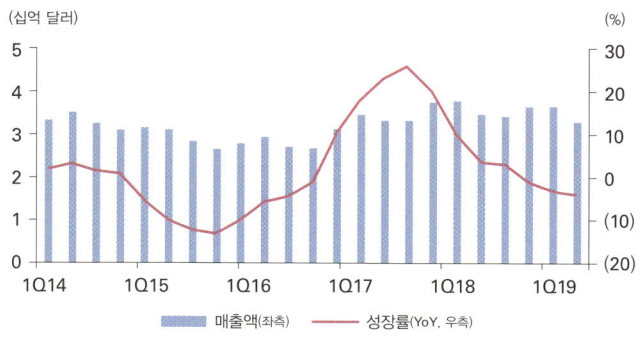

매출액(좌측)　성장률(YoY, 우측)

Cincinnati Financial [CINF US]

높은 투자수익률은 주주환원으로 귀결

· · ·

신시내티 파이낸셜은 1958년 설립된 미국의 보험지주회사이며, 손해보험과 생명보험을 모두 취급한다. 사업 부문은 상업보험(60%) 및 개인보험(25%), 생명보험(5%), 투자 부문(10%) 등으로 구분되며, 타 보험사에 비해 공격적인 주식 포트폴리오를 보유한다는 점이 특징이다.

AT A GLANCE

현재 주가	113.21USD
블룸버그 평균 목표 주가	109.86USD
시가총액 (달러)	185.0억 달러
시가총액 (원)	21.5조 원
Shares (float)	154.6백만 주 (94.7%)
52주 최저 / 최고	72.15 / 117.41달러
90일-평균거래대금	1억 달러
국가	US
상장거래소	NASDAQ GS
산업	Insurance

ONE-YEAR PERFORMANCE

	1M	6M	12M
Cincinnati Financial (%)	(3.0)	17.7	44.0
S&P500 대비 (%pts)	(6.6)	15.3	30.5

주가 vs EPS(주당순이익) 추정치

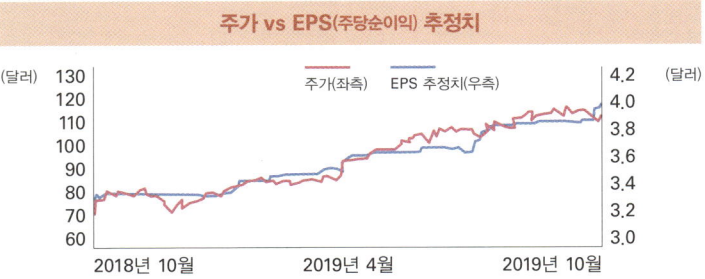

자료: Bloomberg, 삼성증권

SUMMARY FINANCIAL DATA

(12월 결산)	2017	2018	2019E	2020E
매출액 (백만 달러)	5,732	5,407	6,665	6,351
순이익 (백만 달러)	1,045	287	652	646
희석 EPS (달러)	6.3	1.8	3.9	3.8
희석 EPS 성장률 (%)	77.2	(72.2)	121.3	(0.6)
ROE (%)	13.7	3.6	9.4	6.8
P/E (배)	27.4	23.2	29.5	29.7
P/B (배)	1.5	1.6	2.0	2.0
EV/EBITDA (배)	n/a	n/a	n/a	n/a
배당수익률 (%)	3.3	2.7	2.1	2.2
배당성향 (%)	39.2	120.2	62.1	64.4

자료: Cincinnati Financial, FactSet, 삼성증권

배당 인사이트

신시내티 파이낸셜은 지난 58년간 배당을 증액시켜왔으며, 2018년 주당배당금은 2.12달러로 지난 10년간 연평균 3.1% 성장했다. 2019년 예상 주당배당금은 2.34달러로 2.1%의 배당수익률이 예상되며, 이는 시장 평균(S&P 500, 1.94%)를 상회한다. 분기배당(3월, 6월, 9월, 12월)을 한다.

투자 포인트

차별화된 투자 포트폴리오

신시내티 파이낸셜은 타 보험사에 비해 차별화된 투자 포트폴리오를 보유하고 있다. 투자 포트폴리오의 37%은 주식으로 구성되어 있는데, 이는 경쟁사(Selective Insurance Group, Hanover Insurance Group)의 3%, 16%보다 상당히 높은 수준이다. 물론 주식시장 변동성이 확대되는 국면에서 투자이익률 악화로 이어질 가능성이 상존하지만, 포트폴리오가 우량 대형주 위주로 구성되어 있어 상대적으로 안정적이다. 차별화된 투자 포트폴리오에 기반한 높은 투자수익률이 장

부 가치 상승과 주주환원으로 귀결될 가능성에 주목할 필요가 있다.

자동차보험 손해율 안정화

동사의 자보손해율 개선세에 주목할 필요가 있다. 신시내티 파이낸셜은 2017년 1분기 자보손해율 88.4%를 기록한 이후 2019년 2분기(72.9%)까지 개선세를 지속하고 있으며, 자동차보험 요율 인상폭도 상승하며 언더라이팅 개선 추세를 견인하고 있다.

낮은 산재보험 비중 – 상대적으로 낮은 마진 하락 압박

최근 몇 년간 미국은 견고한 경제성장이 이루어지며 임금 인상과 실업률 감소 추이가 지속되었다. 다만 실업률의 감소는 경험이 부족한 노동자의 노동시간 증가로 이어지고 있으며, 손보사 입장에서는 산재보험 손해율 악화라는 트렌드가 나타나고 있다. 그러나 신시내티 파이낸셜의 (상업보험 내) 산재보험 비중은 9%로 비교 기업의 15%, 12%보다 낮아 상대적으로 마진 하락 압력 또한 낮다.

주가 및 주당배당금 추이

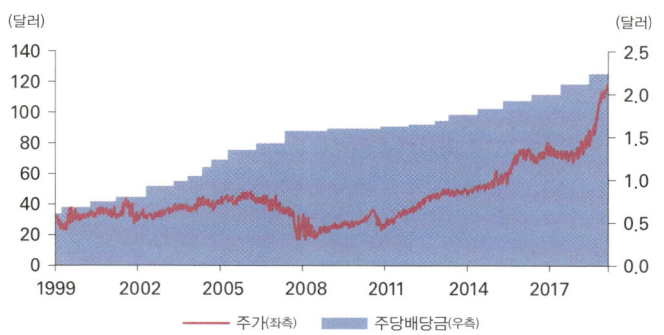

(달러)

(달러)

자료: Thomson Reuters, 삼성증권

투자수익률 추이

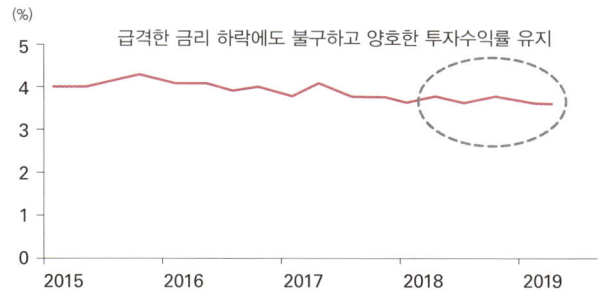

급격한 금리 하락에도 불구하고 양호한 투자수익률 유지

자료: Cincinnati Financial, 삼성증권

매출액 및 성장률 추이

자료: Cincinnati Financial, 삼성증권

Dover (DOV US)

방어 태세 전환 완료

· · ·

도버는 미국의 산업 장비 및 부품 제조업체로, 1) 산업 자동화, 프린팅, 환경 솔루션 등을 제공하는 엔지니어드 시스템 사업부, 2) 연료와 화학 물질 대상 펌프와 압축기 및 POS기 등을 제조하는 플루이드(Fluids) 사업부, 그리고 3) 냉장 및 주방 장비(Refrigeration & Food Equipment) 사업부로 구성된다.

AT A GLANCE	
현재 주가	**103.89USD**
블룸버그 평균 목표 주가	108.21USD
시가총액 (달러)	150.9억 달러
시가총액 (원)	17.6조 원
Shares (float)	144.4백만 주 (99.3%)
52주 최저 / 최고	66.53 / 105.04달러
90일-평균거래대금	1억 달러
국가	US
상장거래소	New York
산업	Machinery-Diversified

ONE-YEAR PERFORMANCE			
	1M	6M	12M
Dover (%)	4.3	6.0	25.4
S&P500 대비 (%pts)	2.3	2.9	13.4

주가 vs EPS(주당순이익) 추정치

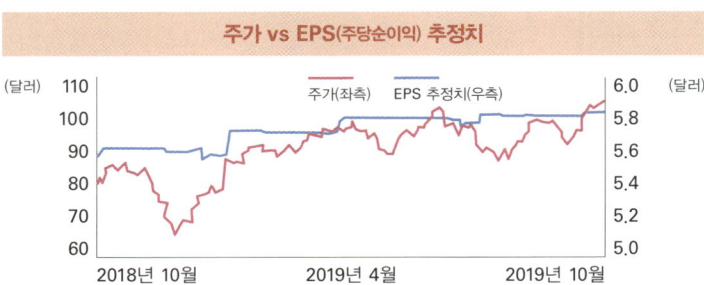

자료: Bloomberg, 삼성증권

SUMMARY FINANCIAL DATA

(12월 결산)	2017	2018	2019E	2020E
매출액 (백만 달러)	6,821	6,992	7,190	7,416
순이익 (백만 달러)	812	570	826	884
희석 EPS (달러)	5.2	3.8	5.8	6.2
희석 EPS 성장률 (%)	58.5	(27.2)	54.1	8.0
ROE (%)	19.8	15.9	27.2	27.7
P/E (배)	28.4	16.4	17.1	15.9
P/B (배)	3.6	3.7	4.8	4.1
EV/EBITDA (배)	16.9	11.6	12.8	11.5
배당수익률 (%)	1.8	2.7	2.0	2.1
배당성향 (%)	37.9	48.2	34.2	33.8

자료: Bloomberg, 삼성증권

배당 인사이트

도버는 지난 63년간 배당을 꾸준히 증액했으며, 올해 연간 주당배당금 컨센서스는 1.96달러로, 배당수익률은 약 2.0%다. 이는 시장 평균(S&P500)인 1.9%를 소폭 상회한다. 올해 예상 배당성향은 34% 수준이다. 동사는 매년 3월, 6월, 9월 그리고 12월에 배당을 한다.

투자 포인트

EMV 규격 도입 수혜

POS 솔루션을 판매하는 도버는 EMV(Europay, Mastercard, Visa) 규격 도입의 수혜주다. 시장 조사에 따르면, 2018년까지 EMV 규격에 맞는 결제 시스템을 갖춘 미국 주유소는 아직 30% 미만이다. 이들의 EMV 규격 시스템 도입 기한이 2020년 10월 1일인 점을 감안하면, 2020년 3분기까지 수혜는 계속될 것으로 전망된다. 과거 동사는 해당 수혜 규모를 약 5억 달러로 추정한 바 있는데, 이는 작년 매출의 7%에 해당한다.

높은 내수 매출 비중

2018년 기준 도버의 미국 매출 비중은 약 52%로, 매크로 불확실성이 가중되고 있는 현 시점에서는 통상 해외 매출 비중이 높은 편인 기계 산업 내 상대적 매력이 부각되고 있다. 환 영향을 제외한 유기적 매출은 성장하더라도, 밸류에이션의 지표가 되는 실제 이익성장률에는 현 달러 강세가 부담이 될 것이기 때문이다. 반면 동사는 미국 매출 비중이 높아 환 영향이 상대적으로 제한적이다. 매 분기 업데이트되고 있는 동사의 2019년 가이던스는 매출성장률 3~4%(유기적 매출성장률은 3~5%) 수준이다.

핵심 사업 위주로의 구조 개편 지속

동사는 최근 핵심 사업 위주로의 구조 개편을 지속 중이다. 지난 2016~2017년 부진한 사업들을 다수 매각했고, 2018년에는 에이퍼지(Apergy)라는 에너지 자회사를 분사했다. 변동성이 높은 사업을 매각하며 보다 안정적인 수익성을 유지하려는 긍정적인 노력으로 평가된다.

리스크 요인

1) EMV 규격 도입 기한 연장, 2) 환율 변화.

주가 및 주당배당금 추이

(달러) / (달러)

주가(좌측) 주당배당금(우측)

자료: Thomson Reuters, 삼성증권

지역별 매출 비중 (2018)

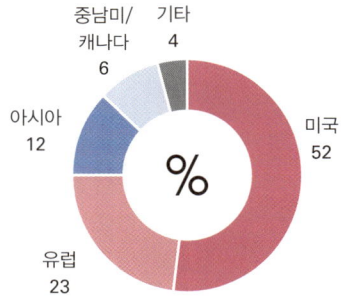

중남미/
캐나다
6

기타
4

아시아
12

미국
52

%

유럽
23

자료: Dover

매출액 및 성장률 추이

(십억 달러) / (전년 대비, %)

매출액(좌측) 성장률(우측)

자료: Dover

Genuine Parts (GPC US)

자동차 부품 유통은 나에게 물어봐

· · ·

제뉴인 파츠는 글로벌 유통 플랫폼 기업으로 자동차 부품, 산업 부품, 기업 용품 유통 사업을 하고 있다. 자동차 부문은 NAPA 브랜드 기반으로 직매장 운영 및 서드파티 차량부품 판매 채널에 부품을 유통한다. 산업부품은 모션 인더스트리즈(Motion Industries) 브랜드를 기반으로 포드, 보잉, 코카콜라 등 다양한 기업을 고객으로 두고 있다. 기업 용품(사무용품 등)은 S.P 리차드 브랜드를 통해 운영 중이다.

AT A GLANCE

현재 주가	102.58USD
블룸버그 평균 목표 주가	102.73USD
시가총액 (달러)	149.0억 달러
시가총액 (원)	17.3조 원
Shares (float)	141.9백만 주 (97.2%)
52주 최저 / 최고	87.73 / 115.14달러
90일-평균거래대금	1억 달러
국가	US
상장거래소	New York
산업	Retail

ONE-YEAR PERFORMANCE

	1M	6M	12M
Genuine Parts (%)	3.0	0.0	4.8
S&P500 대비 (%pts)	1.0	(3.1)	(7.3)

주가 vs EPS(주당순이익) 추정치

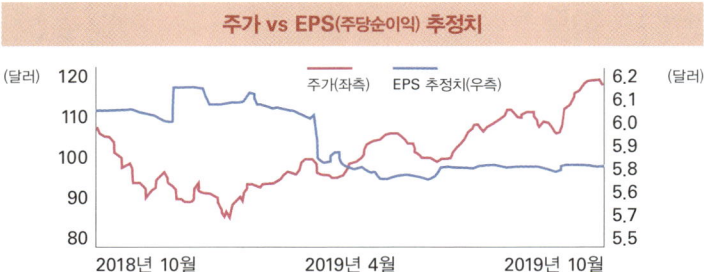

자료: Bloomberg, 삼성증권

SUMMARY FINANCIAL DATA

(12월 결산)	2017	2018	2019E	2020E
매출액 (백만 달러)	16,309	18,735	19,575	20,317
순이익 (백만 달러)	617	810	836	877
희석 EPS (달러)	4.2	5.5	5.7	6.0
희석 EPS 성장률 (%)	(8.9)	31.6	3.5	5.5
ROE (%)	18.7	23.6	22.5	22.6
P/E (배)	20.5	16.9	17.0	16.1
P/B (배)	4.1	4.1	3.7	3.5
EV/EBITDA (배)	14.2	12.5	11.4	10.2
배당수익률 (%)	2.8	3.0	3.1	3.3
배당성향 (%)	64.4	52.1	53.2	52.8

자료: Bloomberg, 삼성증권

배당 인사이트

제뉴인 파츠는 63년간 매년 배당을 증가하여 지급한 배당왕 기업이다(2019년 포함).
2019년 기준 연환산 주당배당금은 3.05달러 수준으로 지난 10년간 연평균 6.66%
성장했다. 12M FWD 예상 배당수익률은 3.1%로 시장 평균(S&P500, 1.94%)을 상회
하는 수준이다. 예상 배당성향은 53.2%로 추가적 배당 상승 여력이 존재한다. 분기
배당을 한다(1월, 4월, 7월, 10월 지급).

투자 포인트

온라인 유통 트렌드 영향 최소화

자동차 애프터마켓 시장은 B2C 형태의 DIY(Do-It-Yourself) 채널과
B2B인 DIFM(Do-It-For-Me) 채널로 분류된다. 부품 수요가 증가하
는 6~9년차 차량(워런티 종료 차량) 숫자의 증가세 전망이 긍정적으로
작용하는 가운데 온라인 유통시장이 확대되고 있다. 다만 오프라인
매장 픽업 선호에 따라 옴니 채널이 대두되는 특징을 보인다. 실제
로 북미 애프터마켓 DIFM와 DIY 채널 매출은 전체 시장 대비 각각

67% 및 20% 수준이다. 따라서 리테일 직접 판매보다는 독립 매장 부품 공급의 DIFM 채널에 집중하는 동사는 해당 변화에 따른 부정적 영향이 크지 않다.

해외 자동차 부품 사업의 확장성

동사는 유럽의 AAG(Alliance Automotive Group) 및 아태 지역의 엑스고(Exego) 인수를 통해 글로벌 영향력을 확대 중이다. AAG는 유럽 2위 사업자로 지속적인 소규모 사업체 인수를 통해 1위인 LKQ를 추격하고 있다. 향후 지배적 기업이 부재한 스페인과 동유럽 진출이 기대된다. 엑스고 또한 호주 지역 1위 사업자로 매장 확대를 통한 네트워크 확대를 추구하고 있다.

리스크 요인

1) 매크로 둔화에 따른 제품 수요 둔화, 2) 해외 사업 관련 리스크, 3) 고객 및 공급사 집중 리스크 등.

주가 및 주당배당금 추이

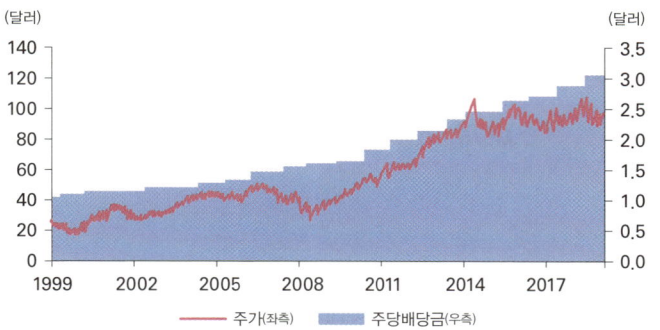

(달러) / (달러)

자료: Thomson Reuters, 삼성증권

부품 수요가 증가하는 6~9년차 차량 증가 전망

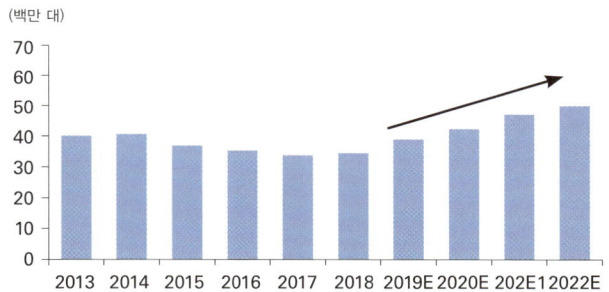

(백만 대)

자료: Genuine Parts, 삼성증권

매출액 및 성장률 추이

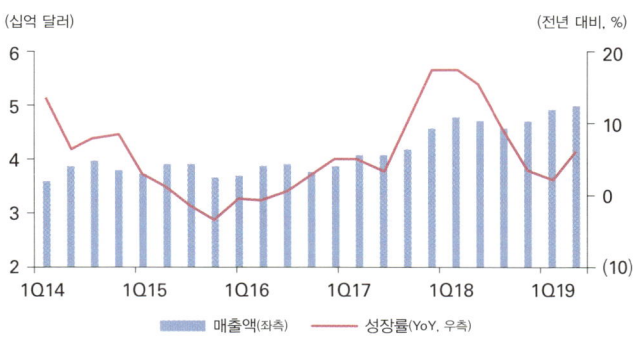

(십억 달러) / (전년 대비, %)

자료: Bloomberg, 삼성증권

Federal Realty Investment (FRT US)

재개발을 통한 업종 전환 시도

• • •

페더럴 리얼티 인베스트먼트는 미국 부동산에 투자하는 리츠(REITs)로, 주로 유통 관련 자산을 보유하고 있다. 워싱턴을 포함한 메릴랜드주, 샌프란시스코와 로스앤젤레스 등 캘리포니아주에 대부분의 자산이 집중되어 있다. 동사는 타 리츠와 달리 재개발을 통한 수익성에 초점을 맞추고 있다.

AT A GLANCE

현재 주가	**136.01USD**
블룸버그 평균 목표 주가	142.38USD
시가총액 (달러)	10.2.7억 달러
시가총액 (원)	12.0조 원
Shares (float)	74.3백만 주 (99%)
52주 최저 / 최고	115.33 / 141.16달러
90일-평균거래대금	1억 달러
국가	US
상장거래소	New York
산업	REITS

ONE—YEAR PERFORMANCE

	1M	6M	12M
Federal Realty Investment (%)	(0.1)	1.6	9.6
S&P500 대비 (%pts)	(2.1)	(1.5)	(2.4)

주가 vs EPS(주당순이익) 추정치

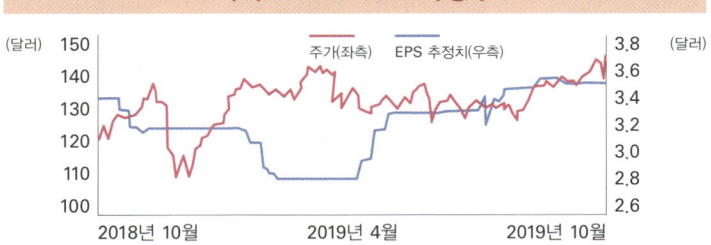

자료: Bloomberg, 삼성증권

SUMMARY FINANCIAL DATA

(12월 결산)	2017	2018	2019E	2020E
매출액 (백만 달러)	857	915	941	956
순이익 (백만 달러)	290	242	260	261
희석 EPS (달러)	4.0	3.2	3.5	3.4
희석 EPS 성장률 (%)	13.4	(19.9)	9.0	(1.6)
ROE (%)	14.1	10.9	11.9	16.5
P/E (배)	43.4	39.1	39.0	39.5
P/B (배)	4.6	4.0	4.0	4.4
EV/EBITDA (배)	24.4	20.8	22.9	21.8
배당수익률 (%)	3.0	3.5	3.1	3.1
배당성향 (%)	99.8	127.8	119.7	124.2

자료: Federal Realty Investment, Bloomberg, 삼성증권

배당 인사이트

동사는 2018년까지 51년 연속으로 배당금을 증가시켜왔다. 이는 리츠 중 가장 긴 기록이다. 분기별(1월, 4월, 7월, 10월)로 배당을 하며, 직전 12개월간 4.11달러를 배당금으로 지급했다. 향후 12개월에는 3.15%의 배당수익률이 기대된다. 리츠는 세법상 이익의 90%를 배당으로 지급해야 하기 때문에 동사의 이익 성장은 자연스럽게 배당 증가로 이어질 전망이다.

투자 포인트

주거용 부동산 확대

동사는 전방 산업이 부진한 상황에서 유통업 리츠를 벗어나 수익 다변화를 위해 노력하고 있다. 최근에는 주상복합 개발을 통해 주거용 부동산 시장까지 수익처를 확장해가고 있다. 최근 5년간 주거용 임대 수익은 연평균 20%씩 성장하여 현재는 전체 임대 수익 중 약 8% 가량을 차지하고 있다.

탄탄한 기초 체력

동사는 미국 내 상장된 33개의 유통업 리츠 중 상대적으로 안정적인 재무구조를 가지고 있다. 실제로 2018년 기준 동사의 부채 비율은 124%로 동종 업계 평균(145%)보다 20%p 이상 낮고, FFO/이자비용 비율은 358%로 동종 업계 평균(281%)보다 상당히 높은 수준이다.

리스크 요인

최근 유통업 환경이 오프라인에서 온라인 중심으로 변화했다. 주된 임차인인 유통기업의 수익성이 악화되면서 임대료는 인상되지 못하고, 공실률은 증가하는 상황이다. 이러한 상황은 수익률로 나타나고 있다. 2019년 연초부터 7월 말까지 미국 리츠시장지수는 21.1% 상승한 데 반해, 유통업 리츠지수는 8.6% 상승에 그쳤다. 전방 산업의 부진으로 인한 단기적인 영향은 불가피할 것으로 예상된다.

주가 및 주당배당금 추이

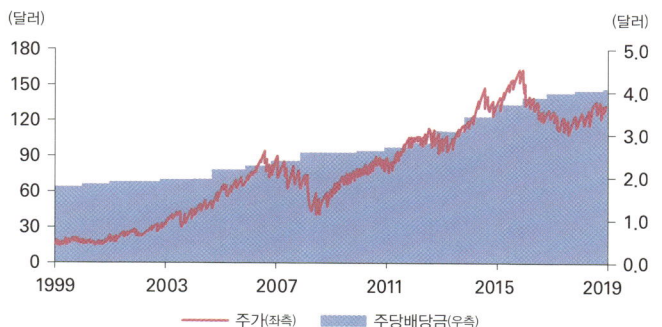

(달러)

자료: Thomson Reuters, 삼성증권

유통업 시가총액 상위 리츠 FFO/이자비용 비교

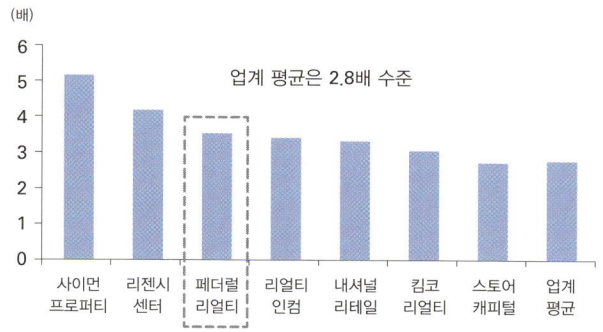

업계 평균은 2.8배 수준

자료: Bloomberg, 삼성증권

매출액 및 성장률 추이

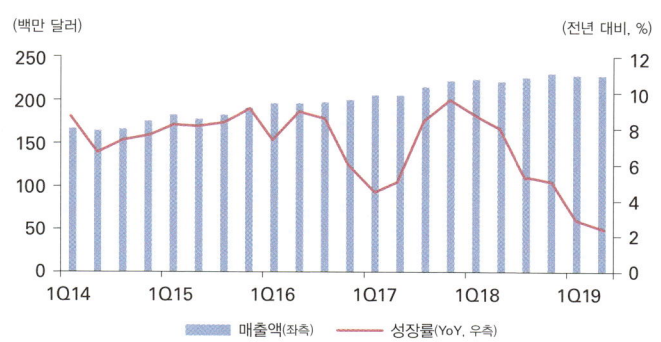

자료: Bloomberg, 삼성증권

대표 신배당왕 기업 Top 15

Home Depot (HD US)

32년 연속 배당액을 늘린 업계 1위 사업자

• • •

홈디포는 가정용 건축자재 및 인테리어 디자인 도구 판매업체이며, 주요 제품은 건축자재, 가정 개량용 제품, 정원용 제품 등이 있다. 동사는 EXPO 디자인 센터를 운영하며 주로 디자인, 리노베이션과 관련된 서비스와 제품을 제공한다. 미국을 중심으로 2,287개(미국 1,970개, 해외 317개)의 매장을 운영 중이며, 업계 내 1위 사업자다.

AT A GLANCE	
현재 주가	**234.58USD**
블룸버그 평균 목표 주가	230.89USD
시가총액 (달러)	2,569.0억 달러
시가총액 (원)	298.9조 원
Shares (float)	1,094백만 주
52주 최저 / 최고	158.14 / 237.93달러
90일-평균거래대금	8억 달러
국가	US
상장거래소	New York
산업	Retail

ONE-YEAR PERFORMANCE	1M	6M	12M
Home Depot (%)	1.1	15.2	33.4
S&P500 대비 (%pts)	(0.9)	12.0	21.4

주가 vs EPS(주당순이익) 추정치

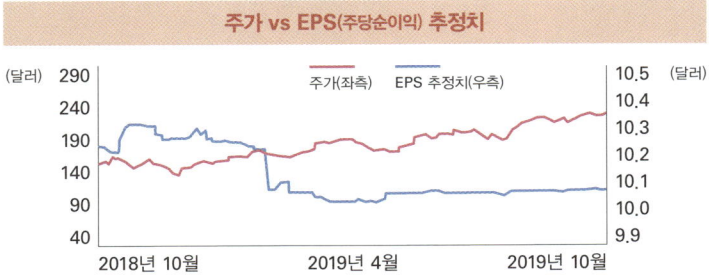

자료: Bloomberg, 삼성증권

SUMMARY FINANCIAL DATA

(1월 결산)	2018	2019	2020E	2021E
매출액 (백만 달러)	100,904	108,203	110,773	115,649
순이익 (백만 달러)	8,630	11,121	11,128	11,738
희석 EPS (달러)	7.3	9.8	10.1	11.0
희석 EPS 성장률 (%)	13.0	34.4	3.3	8.2
ROE (%)	298.3	n/a	−652.0	−516.2
P/E (배)	28.0	18.6	22.5	20.8
P/B (배)	165.0	n/a	n/a	n/a
EV/EBITDA (배)	15.7	13.1	15.3	14.5
배당수익률 (%)	1.7	2.2	2.4	2.6
배당성향 (%)	48.6	42.1	53.5	53.4

자료: Home Depot, Bloomberg, 삼성증권

배당 인사이트

홈디포는 32년 연속 배당을 증액시켜왔다. 2018년 주당배당금은 4.12달러이며 지난 10년간 연평균 19.7% 성장했다. FY2020 예상 주당배당금은 5.44달러로 현재 주가 기준 2.4%의 배당수익률이 예상되며, 이는 시장 평균(S&P500, 1.94%)을 상회한다. 동사는 분기배당(1월, 4월, 7월, 10월)을 한다.

투자 포인트

주택 개선 및 리모델링 수요 지속

한국과 달리 미국에서는 DIY식 셀프 인테리어 문화가 보편적이다. 금융 위기 이후 미국의 경기회복과 함께 주택 개선 및 리모델링 수요가 지속되고 있어 업계 1위 홈디포가 수혜를 받고 있는 상황이다. 특히 미국의 경우 40년 이상 노후 주택 비중이 52%에 달하며, 통상적으로 노후 주택은 신축 주택에 비해 유지보수 비용이 3배가 소요된다. 홈디포 역시 2020년까지 주택 개선 수요가 지속될 것으로 전망하고 있어 당분간 구조적인 수혜가 이어질 것으로 예상된다.

온라인 채널의 고성장

홈디포의 제품 특성상 직접 매장에서 물건을 확인하고 구매하는 경우가 많다. 하지만 온라인 구매가 보편화되면서 주택 관련 물품들도 온라인을 통해 판매되는 트렌드가 가속화되고 있는데, 이런 상황에서 동사는 과거부터 온라인 채널 확장에 적극적으로 대응해왔다. 그 결과 온라인 매출액은 20% 이상 고성장을 지속하고 있으며 매출 비중 역시 8.9%까지 상승했다. 이는 옴니 채널이라는 패러다임 변화에 선제적으로 대응한 결과이며 향후에도 온라인 채널의 고성장이 예상된다.

공격적인 물류 네트워크 투자

동사의 적극적인 물류 네트워크 투자는 배송 경쟁력으로 이어질 것으로 기대된다. 실제로 2019년 홈디포의 트럭 구매량은 미국 내 최대이며, 25개의 물류센터도 계속 확장할 계획이다. 홈디포는 미국 인구의 90%를 익일배송으로 커버하는 것이 목표라고 밝히고 있으며, 이는 결국 동사의 경쟁력으로 부각될 전망이다.

주가 및 주당배당금 추이

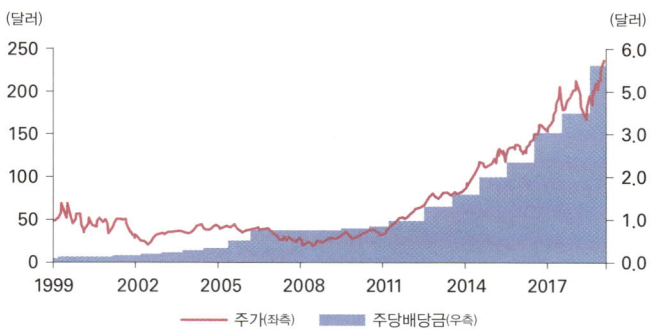

(달러) (달러)

주가(좌측) 주당배당금(우측)

자료: Thomson Reuters, 삼성증권

온라인 매출액 및 비중

(백만 달러) (전년 대비, %)

온라인 채널의 고성장

온라인 매출액(좌측) 성장률(우측)

자료: Home Depot, 삼성증권

물류 네트워크 투자 계획

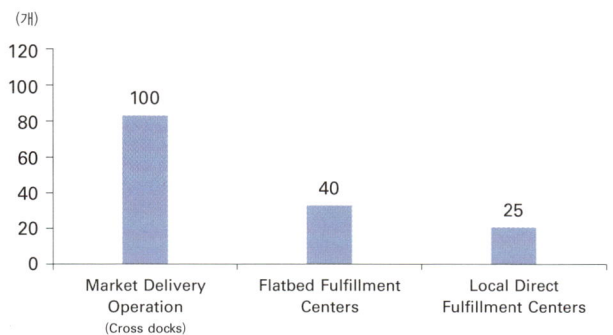

(개)

자료: Home Depot, 삼성증권

UnitedHealth Group (UNH US)

고령화 트렌드의 대표적 수혜 기업

· · ·

유나이티드 헬스 그룹은 미국 최대 건강보험 기업으로 개인과 기업뿐만 아니라 해외 지역을 포함한 넓은 보험 커버리지를 보유하고 있다. 헬스케어 산업 변화에 대응하여 IT기술을 포함한 지속적 혁신을 추구하며, 미국 내 1위 디지털 헬스케어 기업 옵텀(Optum)을 자회사로 보유하고 있다.

AT A GLANCE

현재 주가	252.70USD
블룸버그 평균 목표 주가	285792USD
시가총액 (달러)	2,394.1억 달러
시가총액 (원)	278.5조 원
Shares (float)	941.4백만 주 (99.3%)
52주 최저 / 최고	215.26 / 286.33달러
90일-평균거래대금	9억 달러
국가	US
상장거래소	New York
산업	Healthcare-Services

ONE-YEAR PERFORMANCE

	1M	6M	12M
UnitedHealth Group (%)	16.3	8.4	(3.3)
S&P500 대비 (%pts)	14.2	5.3	(15.3)

주가 vs EPS(주당순이익) 추정치

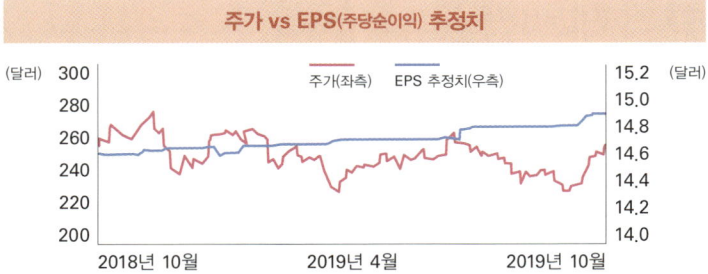

자료: Bloomberg, 삼성증권

SUMMARY FINANCIAL DATA

(12월 결산)	2017	2018	2019E	2020E
매출액 (백만 달러)	201,159	226,247	242,350	261,534
순이익 (백만 달러)	10,558	11,986	14,282	15,755
희석 EPS (달러)	10.7	12.2	14.8	16.6
희석 EPS 성장률 (%)	47.9	13.7	21.6	12.1
ROE (%)	24.5	24.1	25.1	25.6
P/E (배)	23.3	20.4	15.7	14.0
P/B (배)	4.5	4.6	3.8	3.4
EV/EBITDA (배)	13.3	13.4	11.2	9.8
배당수익률 (%)	1.3	1.4	1.8	2.0
배당성향 (%)	26.3	27.7	27.8	28.0

자료: Bloomberg, 삼성증권

배당 인사이트

유나이티드 헬스 그룹의 첫 배당금 지급은 2001년으로 기존 배당왕 기업들처럼 배당금을 오랫동안 증액시킨 기업은 아니다. 하지만 배당의 성장 폭이 크다. 2019년 예상 배당금은 4.32달러로 10년간 연평균 성장률은 64%에 달한다. 2019년 예상 배당수익률 1.8%는 시장 평균과 유사한 수준이지만 2019년 주당배당금과 2009년 주가로 산출한 변환 배당수익률은 18.8%에 달한다. 안정적인 현금 흐름 창출에 따라 향후에도 배당을 비롯한 주주환원정책의 확대가 기대된다.

투자 포인트

고령화 트렌드의 대표적 수혜 기업

2018년 기준 미국 고령인구(65세 이상 인구) 비율은 15% 수준으로 이미 고령사회에 진입했다. 2028년에는 초고령사회(비율 20%)에 진입할 것으로 전망된다. 고령인구 증가에 따라 메디케어 프로그램 가입자 수도 성장이 지속되고 있다. 2Q19 동사의 메디케어 가입자수는 519만 명으로 전년 동기 대비 40만 명(+8.4%) 증가했다. 추가적인 성장 여력이 존재한다는 점을 고려하면 전체 연도 가입자수 증가 가이

던스(40만~45만 명) 달성은 어렵지 않을 것으로 전망된다.

옵텀헬스의 유망성

옵텀헬스(OptumHealth)는 1) 의료시설 운영, 2) 의료진 네트워크 관리, 3) 온라인 의료 서비스, 4) 데이터 분석을 통한 종합 건강 관리, 5) 특화 금융 서비스 등을 제공하는 사업부다. 네트워크 포함 의료진의 지속적 증가를 통해 주요 지역 내 영향력을 확대하고 있다. 서비스 제공 고객수 또한 견고한 성장을 보이고 있다(2Q19 9,500만 명, 2015년 이후 연평균 7.5% 성장). 타 사업부보다 높은 영업이익률(10% 수준)은 전사적 체질 개선의 기반이 될 전망이다.

리스크 요인

1) 정책 리스크(약가 인하 정책 및 건강보험 정책 변화), 2) 건강보험(유나이티드헬스 사업부) 가입자수 성장 둔화 등.

주가 및 주당배당금 추이

(달러) / (달러)

범례: 주가(좌측), 주당배당금(우측)

자료: Thomson Reuters, 삼성증권

미국 고령인구 비율 및 메디케어 등록 인구수 전망

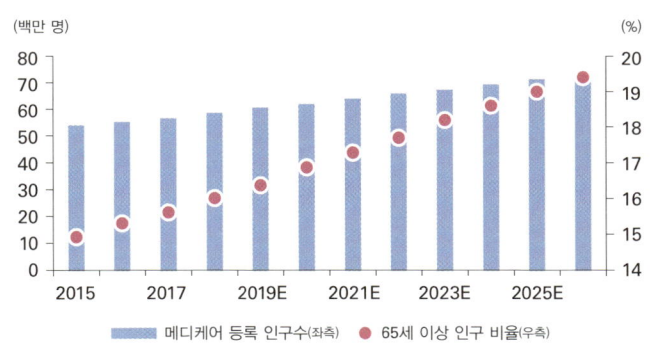

(백만 명) / (%)

범례: 메디케어 등록 인구수(좌측), 65세 이상 인구 비율(우측)

자료: Bloomberg, 삼성증권

매출액 및 성장률 추이

(십억 달러) / (%)

범례: 매출액(좌측), 성장률(YoY, 우측)

자료: Bloomberg, 삼성증권

Boeing [BA US]

리스크 수치화 완료, 장기적으로 보자

• • •

보잉은 전 세계에서 가장 큰 미국 항공업체로, 민항기 사업과 방위 사업을 영위한다.
주요 항공기로는 737, 777, 787 등이 있고, 주요 전투기로는 F-15가 있다.

AT A GLANCE

현재 주가	339.91USD
블룸버그 평균 목표 주가	383.87USD
시가총액 (달러)	1,913.0억 달러
시가총액 (원)	222.6조 원
Shares (float)	528.2백만 주 (93.9%)
52주 최저 / 최고	294.16 / 440.62달러
90일-평균거래대금	16억 달러
국가	US
상장거래소	New York
산업	Aerospace/Defense

ONE-YEAR PERFORMANCE

	1M	6M	12M
Boeing (%)	(10.7)	(10.0)	(4.2)
S&P500 대비 (%pts)	(12.7)	(13.1)	(16.2)

주가 vs EPS(주당순이익) 추정치

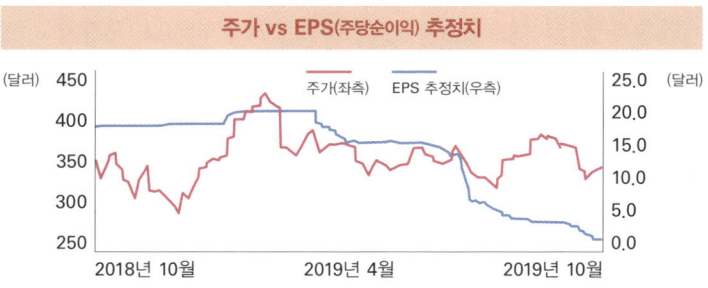

자료: Bloomberg, 삼성증권

SUMMARY FINANCIAL DATA

(12월 결산)	2017	2018	2019E	2020E
매출액 (백만 달러)	94,005	101,127	85,132	122,843
순이익 (백만 달러)	8,458	10,460	3,105	13,252
희석 EPS (달러)	13.9	17.9	4.8	22.8
희석 EPS 성장률 (%)	76.9	28.9	(73.0)	372.7
ROE (%)	684.0	1,048.6	n/a	n/a
P/E (배)	27.6	20.1	79.7	16.9
P/B (배)	105.3	540.0	n/a	n/a
EV/EBITDA (배)	14.2	13.4	32.7	11.4
배당수익률 (%)	2.0	2.2	2.1	2.3
배당성향 (%)	42.0	39.2	167.3	39.0

자료: Bloomberg, 삼성증권

배당 인사이트

보잉은 2012년 이래 배당을 꾸준히 증액했다. 올해 연간 주당배당금 컨센서스는 8.22달러로, 배당수익률은 약 2.1% 수준이다. 이는 시장 평균(S&P500)인 1.9%를 소폭 상회한다. 동사는 분기 단위로 매년 3월, 6월, 9월 그리고 12월에 배당을 한다.

투자 포인트

737 MAX 불확실성은 대부분 반영

최근 미국 연방항공청(FAA) 재승인 추가 지연으로 보잉은 2020년 1월 동안 737 MAX 생산을 일시 중단하기로 했고, 이로 인해 위기론이 다시 대두되고 있다. 그러나 737 MAX 불확실성은 대부분 반영된 것으로 보인다. 1) 이미 보잉은 2Q19에 737 MAX 관련하여 보상 비용 49억 달러를 미리 반영했고, 2) 향후 잔고 내 물량 인도 시에 총 17억 달러의 비용이 추가 반영될 것을 예고했다. 현재 시장과 언론에서 2020년 상반기 중에는 재승인을 얻어 인도가 재개될 것으로 예상하고 있다. 불확실성이 온전히 해소되지 않았으나, 장기적 관점에서의 접근은 가능하다는 판단이다. 또한 문제의 원인이 소프트웨어적 결함에 있으므로 생산 737 MAX 기종에 대한 추가 리스크가 제한적일 것으로 예측된다. 이미 생산된 기종에 대한 추가 조치는 항공기 재설계 혹은 개조가 아닌 소프트웨어 교체 수준에 그칠 수 있기 때문이다. 이는 고객사에게 인도 지연에 따른 보상을 제공하는 것 외에 추가 리스크는 제한적임을 의미한다.

서비스 매출 비중 증가에 따른 수익성 개선 기대

한편 보잉은 지난해 항공 부품 유통업체 KLX 에어로스페이스 솔루션스(Aerospace Solutions) 인수를 통해 차기 성장동력으로 서비스 사업 역량을 강화하고 있다. 글로벌 서비스 부문의 매출과 영업이익 비중은 737 MAX 영향이 없었던 4Q18에 각각 17%와 18%로 미미했다. 그러나 2019년 들어 방위 사업 부문보다 높은 수익성을 보이고 있다. 서비스 사업은 고성장 중인 만큼, 737 MAX 정상화 이후 서비스 사업이 전사 수익성을 개선시킬 것으로 기대된다.

리스크 요인

737 MAX 관련하여 1) 운항에 대한 FAA 재승인 추가 지연, 2) 인도 지연에 대한 보상 규모 확대.

주가 및 주당배당금 추이

(달러)

자료: Thomson Reuters, 삼성증권

부문별 매출 비중 (4Q18)

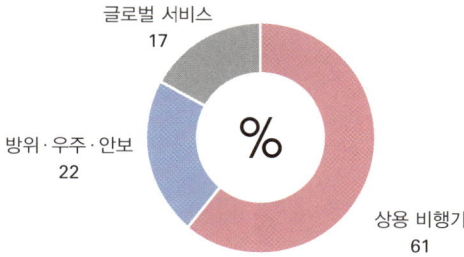

글로벌 서비스
17

방위 · 우주 · 안보
22

상용 비행기
61

자료: Boeing

부문별 영업이익 비중 (4Q18)

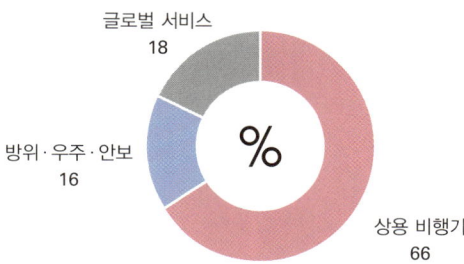

글로벌 서비스
18

방위 · 우주 · 안보
16

상용 비행기
66

자료: Boeing

Comcast (CMCSA US)

기회 요인이 높은 미국 최대 케이블 사업자

• • •

컴캐스트는 미국 최대 케이블 사업자이자 종합 미디어/엔터테인먼트 기업으로, 1) 케이블 통신(유료 방송/통신 등) 사업, 2) 지상파/케이블 방송 사업, 3) 영화 사업 및 4) 테마파크 사업을 영위한다. 특히 유료 방송 사업에서는 20% 후반대의 시장점유율로 꾸준히 1~2위 자리를 유지하고 있다.

AT A GLANCE

현재 주가	44.82USD
블룸버그 평균 목표 주가	50.87USD
시가총액 (달러)	2,043.2억 달러
시가총액 (원)	237.7조 원
Shares (float)	4,506.2백만 주 (99.4%)
52주 최저 / 최고	33.07 / 46.97달러
90일-평균거래대금	7억 달러
국가	US
상장거래소	NASDAQ GS
산업	Media

ONE-YEAR PERFORMANCE

	1M	6M	12M
Comcast (%)	(0.6)	3.0	17.5
S&P500 대비 (%pts)	(4.2)	(0.7)	13.9

주가 vs EPS(주당순이익) 추정치

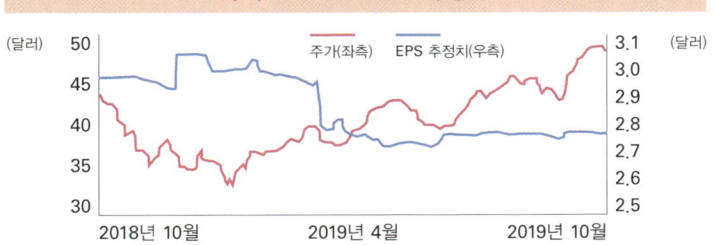

자료: Bloomberg, 삼성증권

SUMMARY FINANCIAL DATA

(12월 결산)	2017	2018	2019E	2020E
매출액 (백만 달러)	85,029	94,507	109,689	115,474
순이익 (백만 달러)	22,735	11,731	13,436	14,956
희석 EPS (달러)	4.8	2.5	3.0	3.4
희석 EPS 성장률 (%)	166.9	(46.7)	19.8	11.4
ROE (%)	37.1	16.7	17.9	16.9
P/E (배)	8.6	13.9	15.4	13.9
P/B (배)	2.7	2.2	2.6	2.3
EV/EBITDA (배)	9.0	8.9	9.1	8.2
배당수익률 (%)	1.6	2.2	1.8	1.9
배당성향 (%)	13.1	29.8	27.5	27.0

자료: Bloomberg, 삼성증권

배당 인사이트

캠캐스트의 배당은 2008년 재개된 이래 매년 꾸준히 증액되었다. 2019년 연간 주당배당금 컨센서스는 0.84달러로, 배당수익률은 약 1.8% 수준이다. 참고로, 2020년 예상 배당성향은 27.0%다. 동사는 분기 단위로 매년 1월, 4월, 7월 그리고 10월에 배당을 한다.

투자 포인트

코드 커팅 우려에도 꾸준히 성장하는 케이블 통신 사업

코드 커팅 현상으로, 유료 방송 사업을 크게 영위하는 컴캐스트가 최대 피해주처럼 비춰질 수 있으나 이는 과도한 우려다. 실제로는 가입자수 하락 속도보다 ARPU (유저당 평균매출액) 상승 속도가 빨라 일정 수준의 매출액을 꾸준히 유지 중이다. 동사의 음성/인터넷 통신 서비스 가입자수는 지속적으로 증가하고 있다.

미디어 사업도 상대적으로 견고

동사의 미디어 사업은 경쟁사들에 비해 상대적으로 안정적 성장세를 유지하며, 지난 5년간 외형적인 성장을 지속했다. 동기간 주요 경쟁사들 중 매년 성장을 기록해온 업체는 타임워너(현재 워너미디어)와 디스커버리(Discovery)가 유일하다.

현재 밸류에이션은 적정 수준이나 기회 요인은 존재

현재 컴캐스트는 2019년 기준 P/E 15배 혹은 EV/EBITDA 9배에 거래 중이다. 이는 유료 방송 경쟁사들보다는 할인된 상태이고, 이동통신 및 미디어 업체들보다는 할증된 수치다. 동사의 사업 비중 감안 시 밸류에이션은 적정 수준으로 보인다. 동사의 OTT 사업이 본격화된다면 추가 상승 여력을 기대해볼 수 있다. 여전히 OTT 사업에 대해 시장이 밸류에이션 프리미엄을 허락해주기 때문이다. OTT 사업 계획과 전망을 구체화하자 주가가 급등한 디즈니 사례를 참고할 필요가 있다.

리스크 요인

1) 코드 커팅 현상 가속화, 2) TV 프로그램과 영화 흥행 실패, 3) 스포츠 중계권 계약 금액 인상 등.

주가 및 주당배당금 추이

자료: Thomson Reuters, 삼성증권

부문별 매출 비중 (2018)

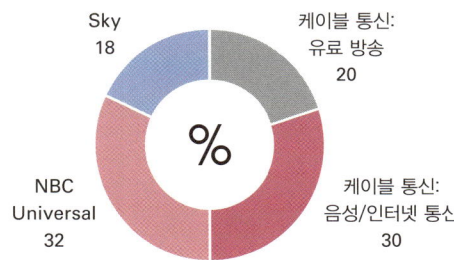

자료: Comcast

매출액 및 성장률

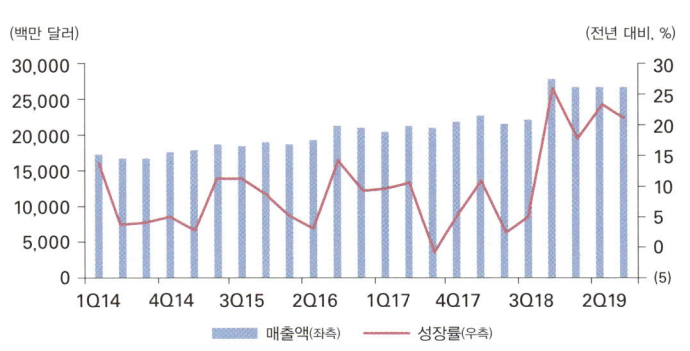

자료: Comcast

McDonald's (MCD US)

맥도날드에 부는 디지털 바람

• • •

맥도날드는 글로벌 프랜차이즈 레스토랑 체인 운영 기업이다. 시가총액 및 매출액 기준으로 경쟁 기업(KFC, 버거킹 등)을 압도하는 1위를 유지하고 있다. 2018년 기준 전 세계 120개국에서 약 3만 7천 개의 매장을 운영하며, 하루 평균 방문 고객 6,900만 명이라는 수치를 유지하고 있다. 2018년 인터브랜드 글로벌 브랜드 가치 조사에서 10위를 차지하며 강력한 브랜드 파워를 입증했다.

AT A GLANCE

현재 주가	196.70USD
블룸버그 평균 목표 주가	224.45USD
시가총액 (달러)	1,481.3억 달러
시가총액 (원)	172.3조 원
Shares (float)	759.1백만 주
52주 최저 / 최고	170.28 / 221.15달러
90일−평균거래대금	6억 달러
국가	US
상장거래소	New York
산업	Retail

ONE−YEAR PERFORMANCE

	1M	6M	12M
McDonald's (%)	(8.4)	(0.4)	11.2
S&P500 대비 (%pts)	(10.4)	(3.6)	(0.8)

주가 vs EPS(주당순이익) 추정치

(달러) · 주가(좌측) · EPS 추정치(우측) · (달러)

230, 210, 190, 170, 150

8.4, 8.3, 8.2, 8.1, 7.9, 7.8, 7.7, 7.6

2018년 10월   2019년 4월   2019년 10월

자료: Bloomberg, 삼성증권

SUMMARY FINANCIAL DATA

(12월 결산)	2017	2018	2019E	2020E
매출액 (백만 달러)	22,820	21,025	21,128	21,706
순이익 (백만 달러)	5,192	5,924	6,125	6,521
희석 EPS (달러)	6.4	7.5	8.0	8.8
희석 EPS 성장률 (%)	17.1	18.4	6.5	9.0
ROE (%)	n/a	n/a	(93.8)	(97.9)
P/E (배)	25.8	23.8	26.2	24.0
P/B (배)	n/a	n/a	n/a	n/a
EV/EBITDA (배)	15.0	16.2	17.8	17.0
배당수익률 (%)	2.2	2.4	2.2	2.4
배당성향 (%)	59.7	55.7	57.9	56.8

자료: Bloomberg, 삼성증권

배당 인사이트

맥도날드는 43년간 배당액을 증액시켰다. 일반적인 배당왕(배당액 50년 연속 증가)에 포함되기까지 7년이 부족하지만 대표적인 배당귀족 기업이라고 말할 수 있다. 2019년 예상 연환산 배당금은 4.64달러 수준으로 지난 10년간 연평균 8.8% 성장했다. 시장 수준을 상회하는 배당수익률(2.2%) 및 상승 여력이 존재하는 배당성향(58%)은 차세대 배당왕으로 선정되기에 부족함이 없다.

투자 포인트

새로운 매장, 새롭게 태어나는 맥도날드

2016년 취임한 스티브 이스터브룩 회장은 성장 가속화 전략을 추구하며 1) 미래형 매장인 EOTF(Experience Of The Future), 2) 배달, 3) 디지털이라는 세 가지 키워드를 강조했다. 특히 EOTF 전략를 통한 매장 환경 변화는 맥도날드 전략의 중심축이다. 한편 키오스크와 디지털 메뉴보드 도입 등을 통해 비용 효율화를 달성하고 있다.

중요한 것은 고객 경험

맥도날드는 성장 전략의 목표를 항상 고객 경험 향상에 둔다. 특히 단순히 매장 내 식사 고객뿐 아니라 배달 및 드라이브스루 고객들에 주목하고 있다. 최근 우버 이츠(Uber Eats), 도어 대시(Door Dash)와의 협력을 통해 배달 편의성을 강화했다. 또한 머신러닝 기업 다이내믹 일드(Dynamic Yield) 인수를 통해 고객 개인별 특화 경험 제공을 위해 노력 중이며, 특히 드라이브스루 고객들을 대상으로 서비스 속도 개선을 해나가고 있다.

리스크 요인

1) 경기 둔화에 따른 수요 감소 및 외환 리스크, 2) 음식 질/안전성과 건강 관련(비만) 이슈 대두, 3) 프랜차이즈 레스토랑 시장의 높은 경쟁 강도 등.

주가 및 주당배당금 추이

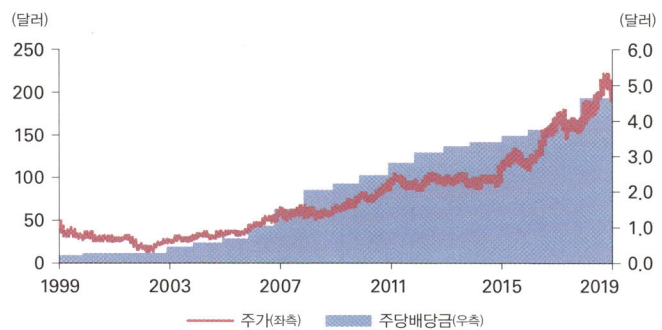

(달러)

(달러)

자료: Thomson Reuters, 삼성증권

미국 지역 EOTF 매장 수 및 비중 추이

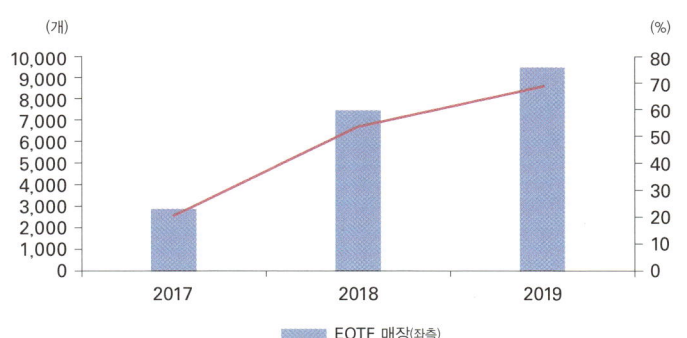

(개)

(%)

자료: McDonald's, 삼성증권

매출액 및 성장률 추이

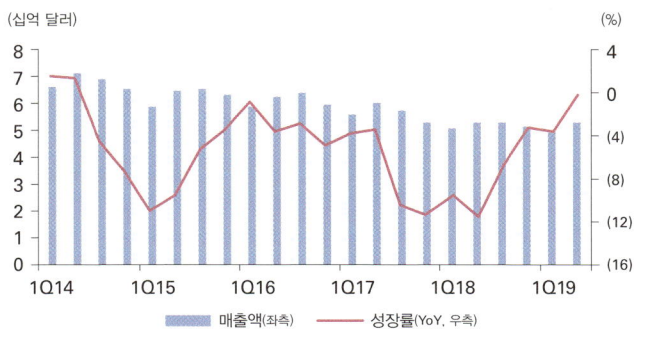

(십억 달러)

(%)

자료: Bloomberg, 삼성증권

Lockheed Martin (LMT US)

수주잔고 증가가 보여주는 탄탄한 미래 가치

• • •

록히드 마틴은 1995년 록히드(Lockheed)사와 마틴 마리에타(Martin Marietta)사가 합병하여 설립된 세계 최대 방산기업으로, 방산 매출 기준으로는 전 세계 1위다. 동사는 무기 개발부터 양산까지 직접 참여하고 있으며, 주요 사업 영역은 전투기, 미사일, 군용 헬리콥터 등이다.

AT A GLANCE	
현재 주가	**376.88USD**
블룸버그 평균 목표 주가	399.36USD
시가총액 (달러)	1,062.5억 달러
시가총액 (원)	123.6조 원
Shares (float)	237.5백만 주 (84.1%)
52주 최저 / 최고	245.22 / 397.04달러
90일-평균거래대금	4억 달러
국가	US
상장거래소	New York
산업	Aerospace/Defense

ONE-YEAR PERFORMANCE			
	1M	6M	12M
Lockheed Martin (%)	(3.4)	13.0	28.2
S&P500 대비 (%pts)	(5.5)	9.9	16.2

주가 vs EPS(주당순이익) 추정치

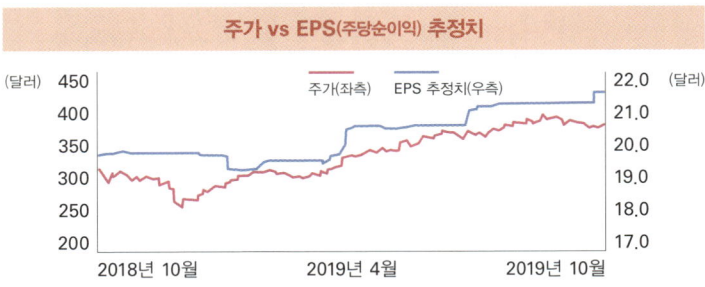

자료: Bloomberg, 삼성증권

SUMMARY FINANCIAL DATA

(12월 결산)	2017	2018	2019E	2020E
매출액 (백만 달러)	49,960	53,762	59,171	62,771
순이익 (백만 달러)	1,963	5,046	6,007	7,030
희석 EPS (달러)	6.8	17.6	21.2	25.4
희석 EPS 성장률 (%)	(60.5)	160.6	20.7	19.6
ROE (%)	n/a	n/a	247.0	155.3
P/E (배)	24.6	14.4	18.5	15.5
P/B (배)	n/a	52.8	28.3	15.6
EV/EBITDA (배)	12.9	10.2	12.9	11.3
배당수익률 (%)	2.3	3.1	2.3	2.5
배당성향 (%)	114.1	46.4	42.2	38.2

자료: Bloomberg, 삼성증권

배당 인사이트

록히드 마틴은 2003년부터 배당을 꾸준히 증액했다. 올해 연간 주당배당금 컨센서스는 8.8달러로, 배당수익률은 약 2.3% 수준이다. 이는 시장 평균(S&P500)인 1.9%를 상회하며 2020년 예상 배당성향은 38% 수준이다. 동사는 분기 단위로 매년 3월, 6월, 9월, 12월에 배당을 한다.

투자 포인트

수주잔고 확대 지속

2019년 9월 말 기준 동사의 수주잔고는 2018년 말에 비해 약 5% 증가했다. 동사는 이에 더해 2019년 10월 미국 국방부와 F-35 전투기 478기 공급 계약을 체결했다. 해당 계약의 규모는 약 340억 달러에 달하는데, 이는 9월 말 동사 수주잔고의 25% 수준이다. 호주에서도 F-35 계약을 수주하는 등 수주잔고는 계속해서 확대되고 있다.

제품 mix 개선세

영업이익률이 가장 높은 미사일 및 화력조정(Missiles and Fire Control) 부문(2018년 기준 14.7%)의 수주잔고 증가세 감안 시, 전사 수익성 개선세가 지속될 것으로 전망된다. 2018년 말 16%에 불과했던 수주잔고 비중은 2019년 말 현재 19.6%까지 상승했다. F-35 양산 계약 이후로 해당 부문 잔고 비중이 재차 낮아질 수는 있다. 그러나 공급 일정 차이상 미사일 및 화력조정 관련 계약의 매출 반영 시점이 더 빠르기 때문에 매출 구성은 해당 부문 위주로 개선될 것으로 보인다.

리스크 요인

1) 터키의 F-35 프로그램 퇴출과 터키향 F-35 수출 금지 영향, 2) 미국 국방비 집행 계획 변경, 3) 미국과 무기 수입국들과의 정치적 관계.

주가 및 주당배당금 추이

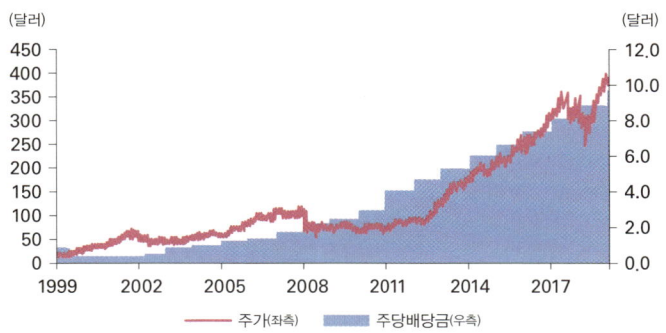

(달러)

자료: Thomson Reuters, 삼성증권

주가(좌측)　　주당배당금(우측)

수주잔고 추이

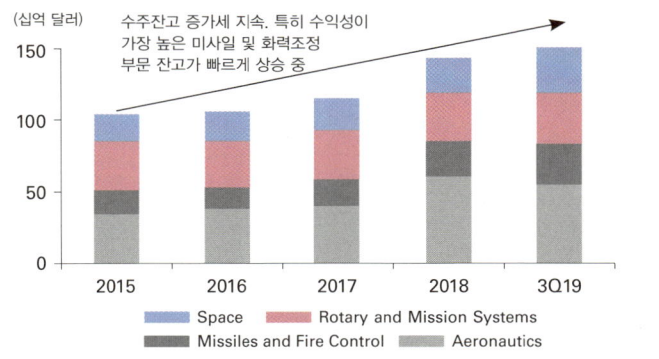

수주잔고 증가세 지속. 특히 수익성이
가장 높은 미사일 및 화력조정
부문 잔고가 빠르게 상승 중

Space　　Rotary and Mission Systems
Missiles and Fire Control　　Aeronautics

자료: Lockheed Martin

매출액 및 성장률

매출액(좌측)　　성장률(우측)

자료: Lockheed Martin

NextEra Energy (LMT US)

신재생 에너지의 대명사

• • •

넥스트에라 에너지는 에너지 지주회사로 북미 지역에서 전력 생산, 송/배전 및 신재생 에너지 사업을 하고 있다. 플로리다 지역 내 자회사(Florida Power & Light Company 및 Gulf Power Company)를 통해 546만 명의 고객에게 전통적인 발전 서비스를 제공한다. 또 다른 자회사 넥스트에라 에너지 리소스(NEER)는 세계 최대 규모 신재생 에너지(풍력, 태양력) 발전사업자로 에너지 저장(Energy Storage) 부문에서도 선도적인 지위를 점하고 있다.

AT A GLANCE

현재 주가	238.34USD
블룸버그 평균 목표 주가	237.64USD
시가총액 (달러)	1,164.6억 달러
시가총액 (원)	135.5조 원
Shares (float)	487.5백만 주 (99.7%)
52주 최저 / 최고	168.08 / 238.34달러
90일–평균거래대금	4억 달러
국가	US
상장거래소	New York
산업	Electric

ONE–YEAR PERFORMANCE

	1M	6M	12M
NextEra Energy (%)	2.3	22.6	38.2
S&P500 대비 (%pts)	0.3	19.5	26.1

주가 vs EPS(주당순이익) 추정치

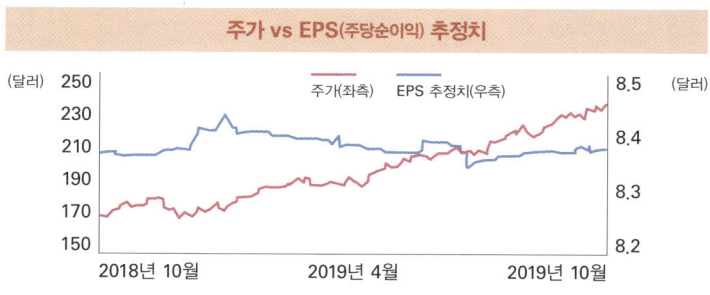

자료: Bloomberg, 삼성증권

SUMMARY FINANCIAL DATA

(12월 결산)	2017	2018	2019E	2020E
매출액 (백만 달러)	17,173	16,727	18,851	19,865
순이익 (백만 달러)	5,380	6,638	4,054	4,431
희석 EPS (달러)	11.4	13.9	8.4	9.1
희석 EPS 성장률 (%)	82.5	21.9	(39.6)	8.3
ROE (%)	20.5	21.3	10.7	10.9
P/E (배)	24.3	23.6	26.8	24.8
P/B (배)	2.6	2.4	2.7	2.6
EV/EBITDA (배)	13.8	14.7	15.2	14.5
배당수익률 (%)	2.5	2.6	2.2	2.5
배당성향 (%)	34.3	31.7	59.5	61.8

자료: Bloomberg, 삼성증권

배당 인사이트

넥스트에라 에너지의 2019년 연환산 예상 배당금은 5.0달러로 지난 10년간 연평균 10% 이상 성장했다. 2019년 예상 배당수익률도 2.2%로 시장 평균(1.9%)을 상회한다. 24년의 연속 배당성장 기간으로 전통적인 배당왕 분류 기준에는 미치지 못하지만 안정적인 배당성장 기업이다. 회사는 2020년 배당성향을 62% 수준으로 전망하며 향후 EPS 성장 대비 더 높은 주당배당금 성장이 가능함을 시사했다.

투자 포인트

신재생 에너지는 중장기 성장동력

동사는 발전량 기준 풍력 및 태양광 발전 부문에서 글로벌 점유율 1위 기업이다. 기존 화석연료에서 신재생 에너지로의 전환에 따른 발전 수요 증가가 전망된다. 2020년 미국 내 신재생 에너지 세제 혜택 중단에 따라 섹터 전반에 걸쳐 부정적 영향을 우려하는 시각도 존재하지만, 동사는 발전 비용을 지속적으로 감소시키며 경제성을 높이고 있다. 추가 설비 증설과 공급계약 확대가 이어진다면 꾸준한 수익 창출에 기반한 중장기 성장동력이 지속될 것으로 기대된다.

또 다른 히든 카드, ESS(Energy Storage System)

동사는 전력망 안정화 서비스를 위해 에너지 저장 사업을 진행 중이며, 미국 내 140MW 이상의 설비를 보유하여 규모 면에서 1위다. 해당 설비를 통해 전력 수급에 따른 유연한 대응을 가능케 하고 있다. 특히 동사는 내륙 풍력 및 태양광 설비를 보유하고 있기 때문에 ESS 도입 확대는 발전 비용 감소로 이어질 수 있다.

리스크 요인

1) 규제 산업인 발전사업 관련 규제 변경, 2) 신재생 에너지 관련 지원정책 변화, 3) 발전설비 및 전력공급 계약 확대 미비 등.

주가 및 주당배당금 추이

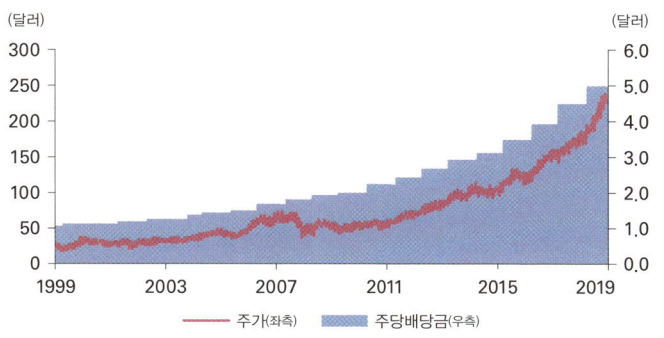

(달러) / (달러)

주가(좌측) / 주당배당금(우측)

자료: Thomson Reuters, 삼성증권

미국 신재생 에너지 발전량 전망 추이

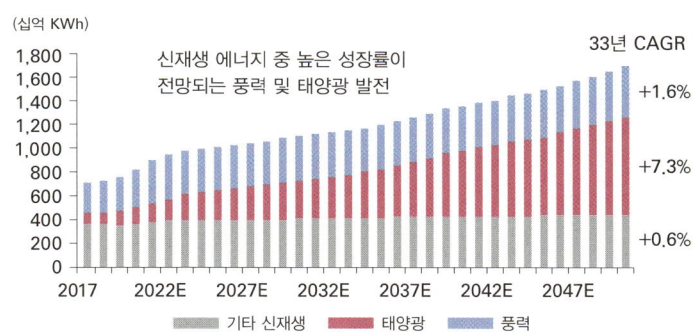

(십억 KWh)

신재생 에너지 중 높은 성장률이
전망되는 풍력 및 태양광 발전

33년 CAGR

+1.6%

+7.3%

+0.6%

기타 신재생 / 태양광 / 풍력

자료: EIA, 삼성증권

매출액 및 성장률 추이

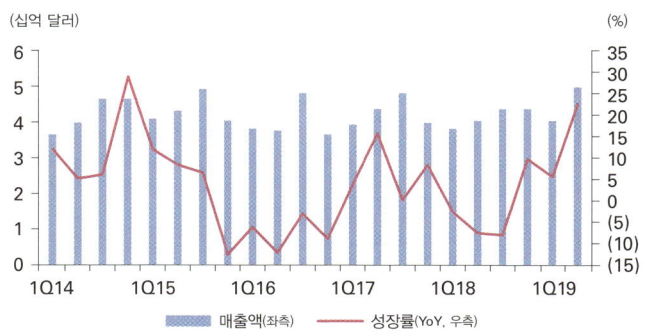

(십억 달러) / (%)

매출액(좌측) / 성장률(YoY, 우측)

자료: Bloomberg, 삼성증권

PNC Financial Services Group (PNC US)

한국인들만 모르는 미국 초우량 은행

· · ·

PNC은행의 전신은 1845년 설립된 피츠버그 신탁 및 저축회사다. PNC은행은 미국 내 영업에 집중하기 때문에 다소 생소하게 느껴질 수 있다. 그러나 시가총액 기준 미국 6위를 자랑한다(총자산 기준 8위). 일명 슈퍼-지역(Super-regional) 은행으로 분류되는 대형 지방은행이다. 예대마진을 활용하는 전통적인 리테일 비즈니스 비중이 높다.

AT A GLANCE

현재 주가	**146.70USD**
블룸버그 평균 목표 주가	148.61USD
시가총액 (달러)	642.8억 달러
시가총액 (원)	74.8조 원
Shares (float)	406.6백만 주 (91.3%)
52주 최저 / 최고	109.71 / 148.29달러
90일-평균거래대금	3억 달러
국가	US
상장거래소	New York
산업	Banks

ONE-YEAR PERFORMANCE

	1M	6M	12M
PNC FINL SVC Group (%)	4.7	7.1	14.2
S&P500 대비 (%pts)	2.6	4.0	2.2

주가 vs EPS(주당순이익) 추정치

자료: Bloomberg, 삼성증권

SUMMARY FINANCIAL DATA

(12월 결산)	2017	2018	2019E	2020E
매출액 (백만 달러)	16,329	17,132	17,596	17,865
순이익 (백만 달러)	5,338	5,301	5,025	4,991
희석 EPS (달러)	10.4	10.7	11.2	11.9
희석 EPS 성장률 (%)	41.9	3.4	4.7	5.8
ROE (%)	11.9	11.6	11.0	10.8
P/E (배)	17.0	10.9	12.6	11.9
P/B (배)	1.6	1.2	1.4	1.3
EV/EBITDA (배)	n/a	n/a	n/a	n/a
배당수익률 (%)	1.8	2.9	3.0	3.4
배당성향 (%)	25.1	31.8	37.4	40.7

자료: Bloomberg, 삼성증권

배당 인사이트

PNC은행의 배당수익률은 3.6% 수준이다. 금융 위기 같은 시스템 리스크 발생 시기를 제외하면 꾸준히 배당을 늘려왔다. 최근 10년(CAGR) 배당성장률이 28%에 달한다. 바젤III 도입 이후 리스크 관리 기조가 이어진 점과 미국 경기 호조를 감안하면 시스템 리스크는 제한적이다. CET1 비율은 9.7% 수준으로 8.5%(바젤III 티어1 기준)를 상회한다. 배당 증액 여력이 충분하다. 최근 장기금리 하락으로 인한 주가 조정은 배당주 투자자에게 훌륭한 진입 기회가 될 것으로 보인다.

투자 포인트

검증된 강자

PNC은행의 경영 능력은 이미 검증되었다. 20년 가까운 기간 동안 지속적으로 경쟁자들을 아웃퍼폼했다. 20년 총주주수익률(Total Shareholder Return)이 7.5%(CAGR)로 미국 톱 20위 기준 2위에 랭크되어 있다. 우량 은행의 대명사인 JP모건(6.5%, CAGR)보다 높다. 경쟁사보다 빠르게 축적된 자본은 배당이나 자사주 매입 등의 주주 환원으로 선순환된다. 이는 자연스러운 밸류에이션 프리미엄으로 연결된다. 동사의 P/B율은 1.4배 수준으로 MSCI 은행지수 기준 1.25배를 압도한다. 향후에도 지속될 가능성이 높다.

성공적인 디지털 전환

지속적인 유휴 점포 정리 및 최적화와 디지털 채널 확장을 통해 비용효율성이 지속적으로 상승[=비용/매출액 비율(Efficiency Ratio) 하락]하고 있다(2015년 61%, 2Q19 기준 59%). 현재 전체 예수금의 약 56%가 디지털 채널 등 무인 채널을 통해 거래되고 있으며 비중이 지속적으로 확대될 전망이다. 최근 댈러스, 덴버, 휴스턴, 캔자스시티, 미니애폴리스로의 확장도 디지털 뱅크 영토 확장을 위한 전진 기지 성격이 강하다. 또한 블록체인을 활용한 국제 송금 및 결제 서비스를 도입하는 등 디지털 시대에 빠르게 적응하는 모습을 보이고 있다.

리스크 요인

장기금리 하락 국면에서 수익성 우려로 인한 주가 조정 가능성.

주가 및 주당배당금 추이

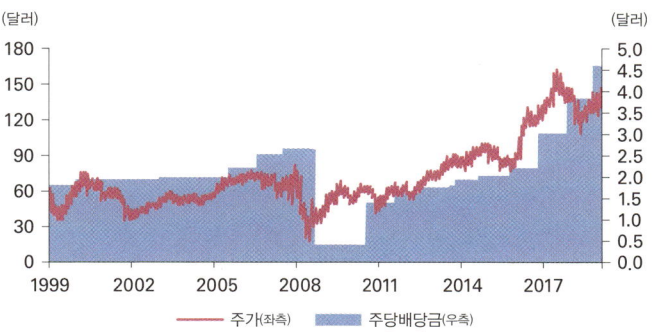

자료: Thomson Reuters, 삼성증권

PNC은행 CET-1 ratio 추이

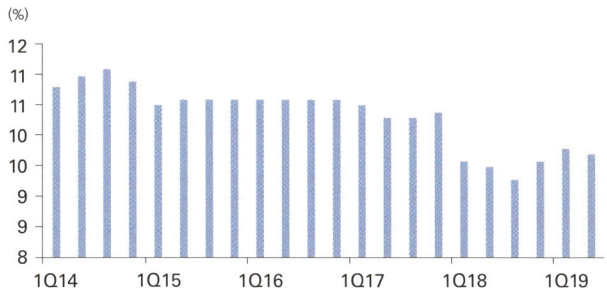

자료: Bloomberg, 삼성증권

PNC은행 비용효율성 추이

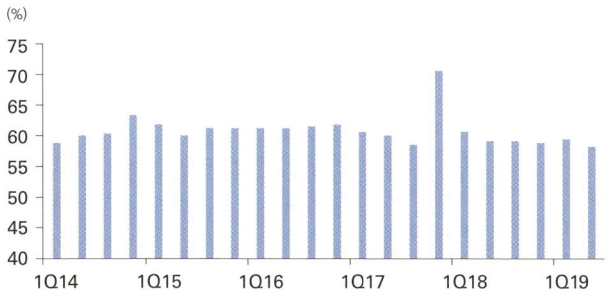

자료: Bloomberg, 삼성증권

Public Storage (PSA US)

호텔이 부럽지 않은 창고 임대 사업

· · ·

퍼블릭 스토리지는 세계에서 가장 큰 규모의 개인 및 업무용 창고 시설을 임대해주는 리츠 기업이다. 주요 비즈니스는 개인 고객을 상대로 한 창고 임대다. 미국과 서유럽 지역을 중심으로 하고 있으며, 약 2천 개 이상의 시설을 보유하고 있다. 주요 비즈니스 외에 보안용품 판매와 보관 물품에 대한 보험 사업을 하고 있다.

AT A GLANCE

현재 주가	**222.86USD**
블룸버그 평균 목표 주가	244.77USD
시가총액 (달러)	389.3억 달러
시가총액 (원)	45.3조 원
Shares (float)	149.6백만 주 (86%)
52주 최저 / 최고	195.06 / 264.74달러
90일-평균거래대금	2억 달러
국가	US
상장거래소	New York
산업	REITS

ONE-YEAR PERFORMANCE

	1M	6M	12M
Public Storage (%)	(9.1)	0.8	8.5
S&P500 대비 (%pts)	(11.2)	(2.4)	(3.6)

주가 vs EPS(주당순이익) 추정치

자료: Bloomberg, 삼성증권

SUMMARY FINANCIAL DATA

(12월 결산)	2017	2018	2019E	2020E
매출액 (백만 달러)	2,669	2,754	2,946	2,989
순이익 (백만 달러)	1,442	1,711	1,482	1,418
희석 EPS (달러)	6.7	8.5	8.0	8.2
희석 EPS 성장률 (%)	(1.2)	26.9	(6.6)	3.3
ROE (%)	23.5	29.7	27.4	26.9
P/E (배)	30.9	27.2	30.4	32.0
P/B (배)	7.4	6.9	6.4	6.5
EV/EBITDA (배)	22.0	21.3	24.3	24.0
배당수익률 (%)	3.8	4.0	3.3	3.3
배당성향 (%)	118.5	93.8	99.7	106.3

자료: Public Storage, Bloomberg, 삼성증권

배당 인사이트

퍼블리 스토리지는 1981년부터 배당을 분기별(3월, 6월, 9월, 12월)로 했으며 1991년 이래로 배당금을 연평균 10%가량 증가시켜왔다. 2019년에는 주당 8달러의 배당금이 예상된다. 배당/FFO는 과거 5년간 꾸준하게 업계 평균 수준인 75%를 유지해왔으며, 산업 자체 성장을 바탕으로 한 안정적인 배당금 증가가 예상된다.

투자 포인트
도시화가 만들어내는 수요

도시화율이 높아지며 전방 산업인 셀프 스토리지 서비스 수요가 증가하고 있다. 2015년 1,850만 평방피트였던 미국의 물품 서비스 공간은 2017년에는 3,600만 평방피트로 증가하면서 3년간 약 95% 성장했다. 특히 아시아 지역 베이비부머 세대의 은퇴가 가속화되면서 소형 주택 수요가 늘어났으며, 이는 셀프 스토리지 서비스 수요 증가를 견인할 것으로 예상된다. 전방 산업의 수요 증가는 해당 인프라에 대한 렌트비 상승으로 이어질 것으로 판단된다.

펀더멘털 프리미엄

퍼블릭 스토리지는 셀프 스토리지 리츠 기업 중 상대적으로 높은 재무 안정성을 보유하고 있다. 동사의 부채 비율은 약 59%로 업계 평균(103%) 대비 절반 수준이다. 높은 안정성은 낮은 캡 레이트(Cap Rate, 자본환원율=순영업수익/부동산 가치, 일반적으로 부동산 가치평가의 할인율로 활용)로 반영되었으며, 이는 동사 주가가 업계 대비 프리미엄을 받는 요인 중 하나다.

리스크 요인

동사의 P/FFO(주가 대비 운영현금 흐름)는 약 24배로, 동종 업계 평균 대비 10%가량 높은 수준이다. 밸류에이션 프리미엄은 과거 5년 동안 지속되고 있으나, 시장의 변동성이 증가하거나 대외 변수 발생 시 부담 요인으로 작용할 수 있다.

주가 및 주당배당금 추이

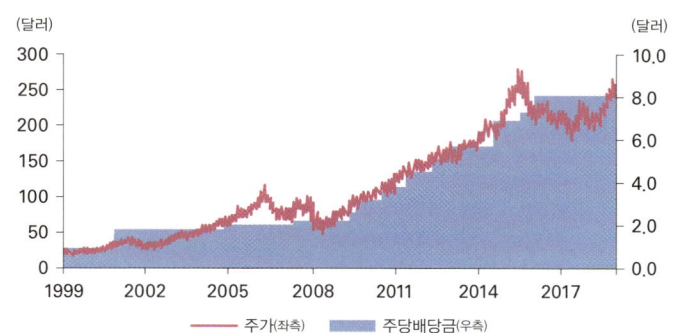

(달러) / (달러)

범례: 주가(좌측), 주당배당금(우측)

자료: Thomson Reuters, 삼성증권

지역별 셀프 스토리지 서비스 성장 가능성 비교 (2019 – 2024년 기준)

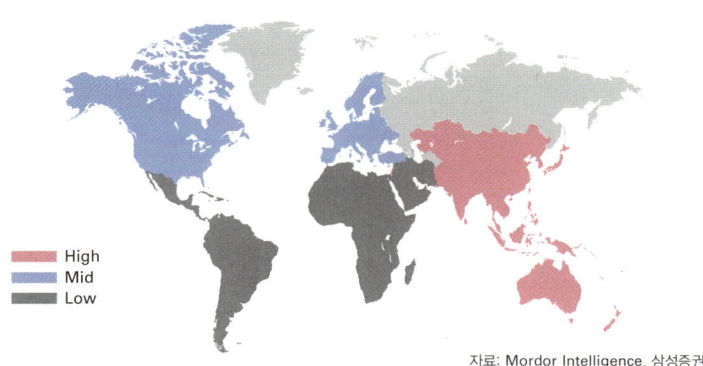

High
Mid
Low

자료: Mordor Intelligence, 삼성증권

주당 FFO 및 성장률

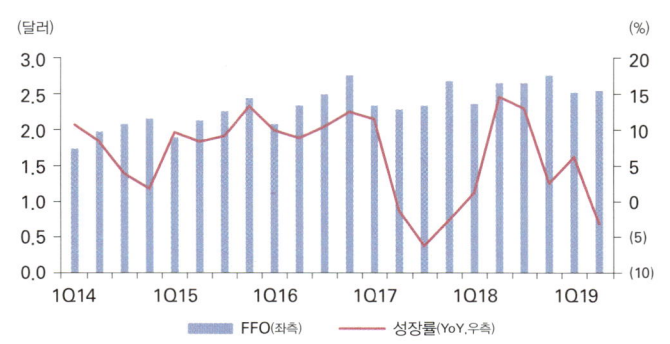

(달러) / (%)

범례: FFO(좌측), 성장률(YoY,우측)

자료: Bloomberg, 삼성증권

Hershey (HSY US)

초콜릿만큼 달콤한 배당주

• • •

1894년 설립된 북미 최대 초콜릿 제조업체다. 허시 초콜릿, 키세스, 리세스를 포함 80개의 브랜드를 90개국에서 판매하고 있다. 매출액 비중은 초콜릿 캔디 73%, 일반 캔디 9.6%, 껌 3.8%, 민트 3.5%다. 브랜드 기준 매출액 비중은 리세스(28%), 허시(22%)를 제외하면 전부 10% 미만이다. 전체 매출액의 약 89%는 미국에서 발생하고 있어 환율 리스크가 크지 않다는 장점이 있다.

AT A GLANCE

현재 주가	146.87USD
블룸버그 평균 목표 주가	147.88USD
시가총액 (달러)	276.2억 달러
시가총액 (원)	32.1조 원
Shares (float)	148.1백만 주 (99.4%)
52주 최저 / 최고	103.37 / 161.40달러
90일–평균거래대금	2억 달러
국가	US
상장거래소	New York
산업	Food

ONE–YEAR PERFORMANCE

	1M	6M	12M
Hershey (%)	(5.2)	17.6	37.1
S&P500 대비 (%pts)	(7.3)	14.5	25.0

주가 vs EPS(주당순이익) 추정치

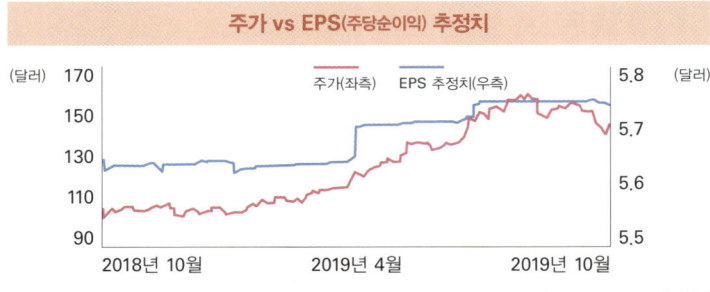

자료: Bloomberg, 삼성증권

SUMMARY FINANCIAL DATA

(12월 결산)	2017	2018	2019E	2020E
매출액 (백만 달러)	7,515	7,791	7,943	8,107
순이익 (백만 달러)	783	1,178	1,210	1,279
희석 EPS (달러)	3.7	5.6	5.8	6.1
희석 EPS 성장률 (%)	9.5	52.4	3.1	6.7
ROE (%)	92.1	101.8	77.3	68.2
P/E (배)	23.6	19.9	26.7	25.0
P/B (배)	26.1	16.1	19.2	16.0
EV/EBITDA (배)	16.8	13.7	17.9	17.0
배당수익률 (%)	4.3	4.9	1.9	2.1
배당성향 (%)	131.8	93.8	51.8	52.1

자료: Bloomberg, 삼성증권

배당 인사이트

허시의 꾸준한 배당은 위기 때 더 빛난다. 금융 위기 시에도 배당을 줄이지 않았고, 이후 꾸준히 증액하며 10년 평균(CAGR) 약 10%의 배당성장을 달성했다. 현재 배당 수익률은 약 2% 수준으로 최근 주가 상승이 반영되었다. 과거 배당수익률 범위가 1.5~4.0% 수준임을 감안할 때 단기적인 매력은 제한적일 것으로 판단된다.

투자 포인트

신제품 출시를 통한 마진 상승

최근 경기 둔화 우려가 반영되어 방어주 성격이 있는 주요 스낵 제조업체들(Mondelez, McCormick) 주가가 고공 행진 중이다. 차별적인 성장을 보여주는 동사 주식 또한 신고가를 기록하고 있는 것은 놀라운 일이 아니다. 2019년 1.5~2.0% 수준의 유기적 성장을 달성했다 (vs. 2018년 분기당 평균 -1.2~0.4%).

M&A를 통해 종합 식품 회사로 도약

동사는 최근 M&A(2015년 Krave Jerky, 2017년 SknnyPop Popcorn, 2018년 Pirate's Booty)를 통해 초콜릿 중심에서 종합 스낵 회사로 거듭나고 있다. 초콜릿(73%)에 편중된 제품 포트폴리오 다각화와 비유기적 성장을 이어가기 위한 선택이다. 단, 장기적으로 M&A에 의한 EPS 희석이 발생할 수 있어 주의가 필요하다. 동사의 높은 마진(44% vs. 경쟁사 평균 33%) 및 배당 여력을 훼손하지 않는 점진적인 인수합병 전략이 중요할 것으로 보인다.

리스크 요인

1) 미국 소비자의 1인당 초콜릿 소비 감소 추세 지속, 2) 경쟁사(Mondelez, Frito-Lay)의 신제품으로 인한 시장 지배력 감소.

주가 및 주당배당금 추이

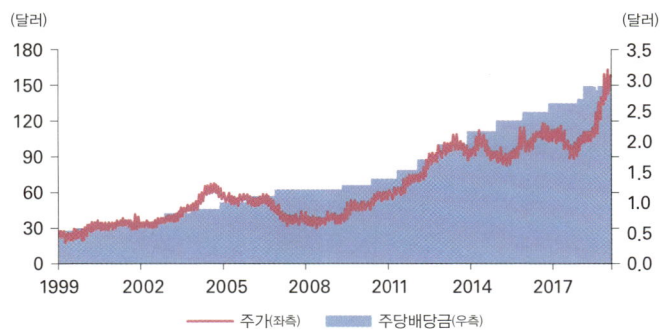

(달러) / (달러)

범례: 주가(좌측), 주당배당금(우측)

자료: Thomson Reuters, 삼성증권

제품별 매출 비중(3% 미만은 기타)

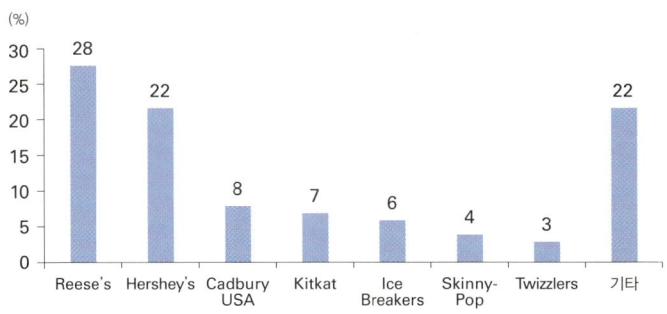

(%)

Reese's	Hershey's	Cadbury USA	Kitkat	Ice Breakers	Skinny-Pop	Twizzlers	기타
28	22	8	7	6	4	3	22

자료: Hershey, 삼성증권

매출액 및 성장률

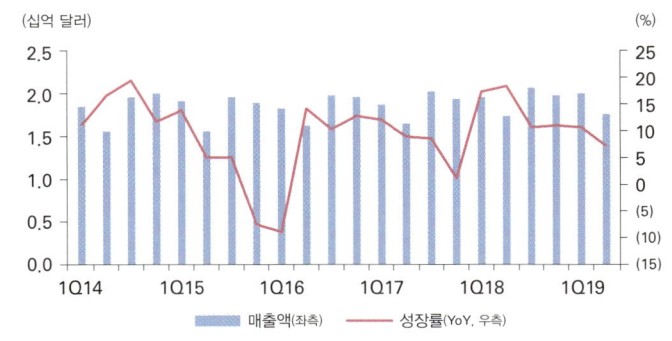

(십억 달러) / (%)

범례: 매출액(좌측), 성장률(YoY, 우측)

자료: Bloomberg, 삼성증권

Digital Realty (DLR US)

클라우드 패러다임 변화의 수혜주

• • •

2004년 설립된 디지털 리얼티는 금융, IT, 제조업 등 다양한 산업 분야의 고객들에게 데이터센터를 임대해주는 기업이며, 리츠 형태로 상장되어 있다. 기존에는 데이터센터를 턴키로 임대해주는 홀세일 비즈니스에 의존했으나, 최근에는 중소기업들이 데이터센터를 공유하는 방식의 코로케이션(Colocation)이나 고객사들 간의 네트워크를 지원하는 인터커넥션(Interconnection) 서비스로 매출 다각화를 꾀하고 있다. 주요 고객으로는 페이스북, IBM, 오라클, 링크드인, 버라이즌 등이 있다.

AT A GLANCE	
현재 주가	127.04USD
블룸버그 평균 목표 주가	133.15USD
시가총액 (달러)	265.0억 달러
시가총액 (원)	30.8조 원
Shares (float)	208.2백만 주 (99.9%)
52주 최저 / 최고	101.83 / 135.74달러
90일-평균거래대금	1억 달러
국가	US
상장거래소	New York
산업	REITS

ONE-YEAR PERFORMANCE			
	1M	6M	12M
Digital Realty (%)	(2.1)	7.9	23.0
S&P500 대비 (%pts)	(4.2)	4.8	11.0

주가 vs EPS(주당순이익) 추정치

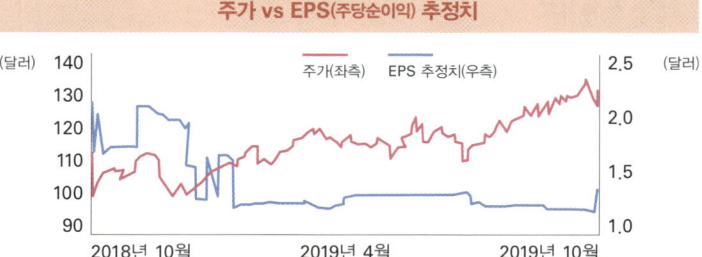

자료: Bloomberg, 삼성증권

SUMMARY FINANCIAL DATA

(12월 결산)	2017	2018	2019E	2020E
매출액 (백만 달러)	2,458	3,046	3,252	3,450
순이익 (백만 달러)	248	331	243	335
희석 EPS (달러)	1.0	1.2	1.1	1.5
희석 EPS 성장률 (%)	(55.0)	22.2	(5.9)	33.7
ROE (%)	2.6	2.8	2.3	3.6
P/E (배)	121.1	100.0	108.7	81.3
P/B (배)	2.5	2.6	3.1	3.1
EV/EBITDA (배)	32.4	26.7	21.1	20.2
배당수익률 (%)	3.3	3.8	3.5	3.7
배당성향 (%)	374.0	333.0	378.8	301.7

자료: Digital Realty, Bloomberg, 삼성증권

배당 인사이트

디지털 리얼티는 2004년 회사 설립 이후 14년간 배당을 증액시켜왔으며, 2018년
주당배당금은 4.04달러로 지난 10년간 연평균 12.4% 성장했다. 2019년 주당배당
금은 4.30달러로 현재 주가 기준 3.5%의 배당수익률이며, 이는 시장 평균(S&P500,
1.94%)을 상회한다. 동사는 연 4회의 분기배당(3월, 6월, 9월, 12월)을 한다.

투자 포인트

메가트렌드 변화의 수혜주

기업들이 자체적으로 데이터센터를 소유하지 않고 임대하여 사용
하는 경향이 나타나고 있어 데이터센터 전문 임대·운영업체인 디지
털 리얼티의 수혜가 예상된다. 동사는 2018년 말 기준 전 세계 12개
국가에 214개 데이터센터를 보유하고 있으며, 2017년 글로벌 데이
터센터 임대업체인 듀폰 파브로스 테크놀로지(Dupont Fabros Tech-
nology)를 인수하고, 2018년에는 브라질 최대 데이터센터 임대업체
인 아센티(Ascenty)를 인수하는 등 적극적인 M&A를 통해 외형 성장

을 지속 중이다.

매출 다변화로 성장 모멘텀 확보

2015년 이전까지 매출의 95%는 홀세일 (1~10개 기업에 데이터센터 공간
을 통째로 대여)에서 발생했으나, 최근에는 데이터센터 공간을 중소 규
모의 다수 기업들(Multi-tenant)이 공유하는 코로케이션 서비스로 매
출 다변화를 꾀하고 있다. 이를 위해 2015년 코로케이션 대표 기업
텔스(Telx)를 인수했고, 그 결과 홀세일 매출 비중이 75%로 감소한
반면 코로케이션 비중은 지속적으로 확대되며 새로운 성장동력을
확보했다.

클라우드 전쟁과 무관한 플랫폼 중립적인 비즈니스

어떤 클라우드 공급업체(AWS, Azure, GCP)가 시장을 장악하든 클라우
드 시장 확대에 따른 수혜를 입을 수 있다는 점이 매력이다. 각각의
클라우드 서비스들이 디지털 리얼티 데이터센터에 연결되어 있으
며 고객은 동사의 데이터센터에 입주해 다양한 퍼블릭 클라우드를
통합된 환경에서 사용할 수 있다.

주가 및 주당배당금 추이

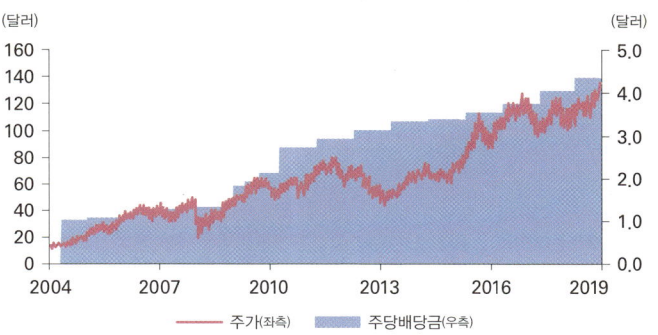

(달러) (우측: 달러)

범례: 주가(좌측), 주당배당금(우측)

자료: Thomson Reuters, 삼성증권

부문별 매출액

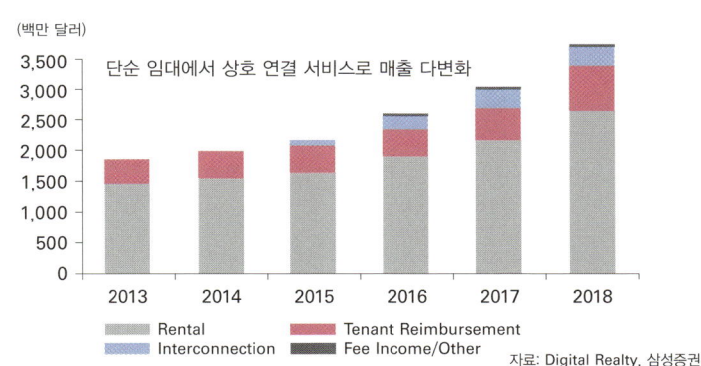

(백만 달러)

단순 임대에서 상호 연결 서비스로 매출 다변화

범례: Rental, Tenant Reimbursement, Interconnection, Fee Income/Other

자료: Digital Realty, 삼성증권

리스계약 만료 스케줄

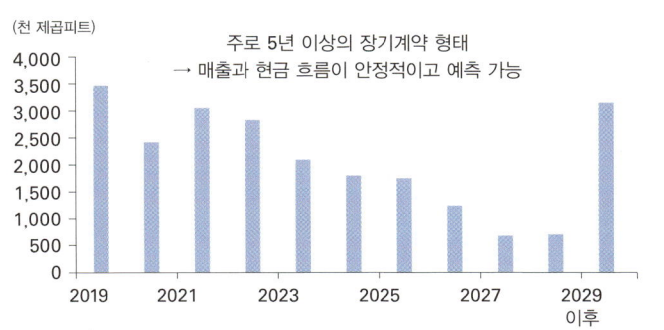

(천 제곱피트)

주로 5년 이상의 장기계약 형태
→ 매출과 현금 흐름이 안정적이고 예측 가능

자료: Digital Realty, 삼성증권

Tyson Foods (TSN US)

미국 최고의 단백질 챔피언

• • •

타이슨 푸드는 1935년 아칸소주에서 설립된 미국 최대 육류 기업이다(세계 2위, 1위는 브라질 JBS S.A.). KFC, 맥도날드, 버거킹, 타코벨, 웬디스, 월마트 등을 고객사로 두고 있다. 축산부터 도축, 가공, 판매에 이르는 수직계열화를 완성했다. 미국의 육류(소, 돼지, 닭, 육가공식품) 관련 비즈니스를 하는 곳은 대부분 연관되어 있다고 생각하면 된다.

AT A GLANCE	
현재 주가	**82.79USD**
블룸버그 평균 목표 주가	95.46USD
시가총액 (달러)	302.3억 달러
시가총액 (원)	35.2조 원
Shares (float)	290.5백만 주 (98.6%)
52주 최저 / 최고	50.75 / 93.29달러
90일-평균거래대금	2억 달러
국가	US
상장거래소	New York
산업	Food

ONE-YEAR PERFORMANCE	1M	6M	12M
Tyson Foods (%)	(3.9)	10.4	38.2
S&P500 대비 (%pts)	(5.9)	7.3	26.1

주가 vs EPS(주당순이익) 추정치

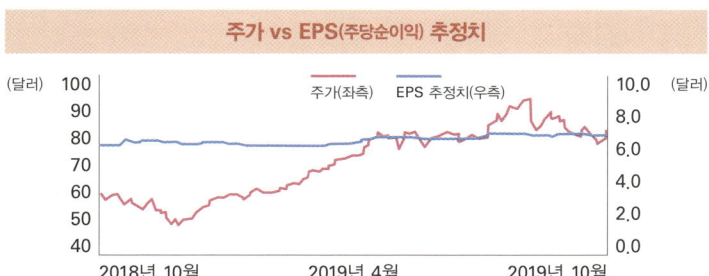

자료: Bloomberg, 삼성증권

SUMMARY FINANCIAL DATA

(9월 결산)	2017	2018	2019E	2020E
매출액 (백만 달러)	38,260	40,052	42,647	45,411
순이익 (백만 달러)	1,774	3,024	2,079	2,457
희석 EPS (달러)	4.8	8.2	5.6	6.8
희석 EPS 성장률 (%)	5.7	71.1	(31.3)	20.2
ROE (%)	17.6	25.9	15.1	16.9
P/E (배)	13.3	9.7	15.6	13.0
P/B (배)	2.5	1.7	2.2	2.0
EV/EBITDA (배)	9.7	7.9	10.4	8.8
배당수익률 (%)	1.4	4.1	1.7	1.9
배당성향 (%)	20.1	29.2	26.5	24.4

자료: Bloomberg, 삼성증권

배당 인사이트

타이슨 푸드는 2012년 이후 배당을 급격히 늘려오고 있다. 연평균(10년 CAGR) 배당 성장률이 25%에 달한다. 최근 10년간 배당성향 범위는 8~29%로 지속적인 배당 성장에 큰 무리가 없는 수준이다. 현재 배당수익률은 2% 수준이지만 빠른 배당성 장을 감안하면 결코 낮지 않은 편이다. 배당뿐만 아니라 적극적인 자사주 매입을 실 행하는 점을 고려하면 주주환원 수익률 측면에서도 매력적이다.

투자 포인트

가공식품 비중 확대를 통한 마진 개선

2018년 기준 매출액 비중은 소고기(37%), 닭고기(30%), 가공식품 (22%), 돼지고기(10%) 순이다. 가장 큰 비중을 차지하던 소고기 비 중이 꾸준히 줄어드는 반면, 가공식품 비중이 꾸준히 높아지고 있 다(vs. 2010년 10%). 이는 수익성을 위한 선택이다. 가공식품 마진은 10~12% 수준으로 타 부문(소 7%, 돼지 6%, 닭 6%)의 수익성을 압도한 다. 또한, 가공식품 부문은 가축 관련 질병으로 인한 매출액 변동이

상대적으로 크지 않아 안정적인 배당에 기여할 것으로 전망된다.

M&A의 달인

동사는 관련 기업 인수로 시너지를 극대화하는 볼트-온(Bolt-on) 전략으로 유명하다. 특히 2014년 힐셔(Hillshire) 인수는 현재 타이슨의 핵심 브랜드들을 지칭하는 '코어(Core) 9' 라인업 구축에 결정적인 기여를 했다. 지미 딘(Jimmy Dean), 힐셔 팜(Hillshire Farm), 라이트(Wright), 에이델스(Aidells) 등 해당 카테고리 내 1~2위 시장점유율을 달성한 브랜드들이 포함된다. 최근에도 치킨 너겟을 최초로 만든 키스톤 푸드(Keystone Foods)를 23억 달러에 인수하며 고객사 확대에 주력하고 있다.

리스크 요인

1) 가축 사료에 필요한 곡물 등의 가격 변동에 따른 비용 증가 위험,
2) 조류독감, 구제역 등 전염병 창궐로 인한 매출 하락 등.

주가 및 주당배당금 추이

(달러)

(달러)

자료: Thomson Reuters, 삼성증권

힐셔 인수 이후 가공식품 마진이 크게 상승

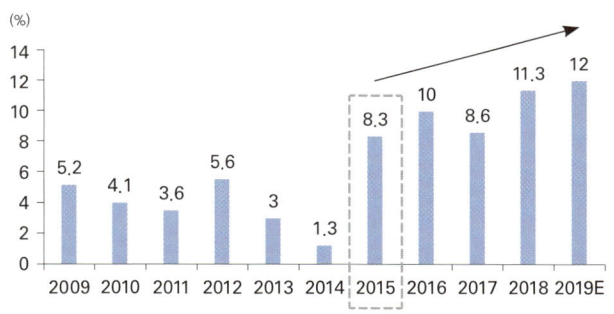

(%)

자료: Tyson Foods, 삼성증권

매출액 및 성장률

(십억 달러)

(%)

자료: Bloomberg, 삼성증권

American Water Works (AWK US)

예측 가능한 성장 흐름

• • •

아메리칸 워터 웍스는 수자원 서비스를 공급하는 기업이다. 동사는 미국의 수자원 유틸리티 기업 중 고객 규모로 상위 3번째이며, 지역적으로 가장 분산된 사업 영역을 보유하고 있다. 이익의 대부분은 규제 사업인 수자원 공급에서 발생하며, 규제 외 사업으로 군 기관과 원유 채굴 기업에 수자원을 공급하는 사업을 하고 있다.

AT A GLANCE

현재 주가	123.27USD
블룸버그 평균 목표 주가	123.62USD
시가총액 (달러)	222.8억 달러
시가총액 (원)	25.9조 원
Shares (float)	180.2백만 주 (100%)
52주 최저 / 최고	86.31 / 129.50달러
90일-평균거래대금	1억 달러
국가	US
상장거래소	New York
산업	Water

ONE-YEAR PERFORMANCE

	1M	6M	12M
American Water Wokrs (%)	(0.8)	13.9	39.2
S&P500 대비 (%pts)	(2.8)	11.9	37.2

주가 vs EPS(주당순이익) 추정치

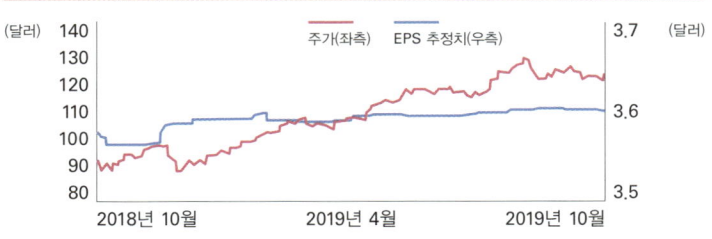

자료: Bloomberg, 삼성증권

SUMMARY FINANCIAL DATA

(12월 결산)	2017	2018	2019E	2020E
매출액 (백만 달러)	3,357	3,440	3,617	3,820
순이익 (백만 달러)	426	567	651	708
희석 EPS (달러)	2.4	3.2	3.6	3.9
희석 EPS 성장률 (%)	(9.2)	32.4	14.3	8.7
ROE (%)	8.0	10.1	10.9	11.4
P/E (배)	30.8	28.0	34.0	31.3
P/B (배)	3.0	2.8	3.8	3.5
EV/EBITDA (배)	13.7	15.1	17.2	16.3
배당수익률 (%)	1.8	2.0	1.6	1.8
배당성향 (%)	67.8	56.3	54.6	55.2

자료: American Water Works, Bloomberg, 삼성증권

배당 인사이트

아메리칸 워터 웍스는 분기마다 정기적으로 배당을 한다(2월, 5월, 8월, 11월). 상장 이후 연평균 8.3% 속도로 배당을 증액했으며, 최근 6년간의 연평균 배당성장률은 10%에 달한다. 12개월 FWD 배당수익률은 1.56% 수준으로 예상된다. 동사는 향후 이익의 50~60%를 배당할 것을 목표로 하고 있어 안정적인 배당이 예상된다.

투자 포인트

예측 가능한 사업 구조

수자원 공급 사업은 특성상 인프라 투자 비용으로 인해 신규 시장 진입이 어려운 산업이다. 또한 동사 이익 중 91%가 개인 고객으로부터 발생한다. 개인의 수자원 수요는 예측 가능하며 비탄력적이기에 향후에도 안정적인 수익 기반을 확보할 수 있을 것으로 판단된다.

새로운 성장동력, 민영화 기회

현재 군 기관의 수자원 공급 사업은 민영화가 진행 중이다. 현재까지 약 3분의 1 정도의 기관에서 민영화가 이루어졌다. 현재까지 동사는 14개의 기관과 계약을 체결했으며, 미국에서 아메리칸 스테이트 워터와 함께 시장 지배적인 사업자의 위치에 있다. 군 기관에 제공되는 서비스는 규제 외 산업이기 때문에 향후 동사의 새로운 성장동력이 될 수 있을 것으로 보인다.

리스크 요인

1) 동사의 주요 사업 지역인 뉴저지와 펜실베이니아주는 캘리포니아와 뉴욕주에 비해 규제 강도가 낮다. 향후 규제 강화는 동사 이익에 직접적으로 영향을 줄 수 있을 것으로 판단된다. 2) 군 기관과의 계약은 장기 고정가격으로 맺어진다. 경기 상황에 따른 가격 조정이 가능하지만, 동사의 사업 구조 유연성을 떨어뜨리는 요인으로 작용할 가능성도 존재한다.

주가 및 주당배당금 추이

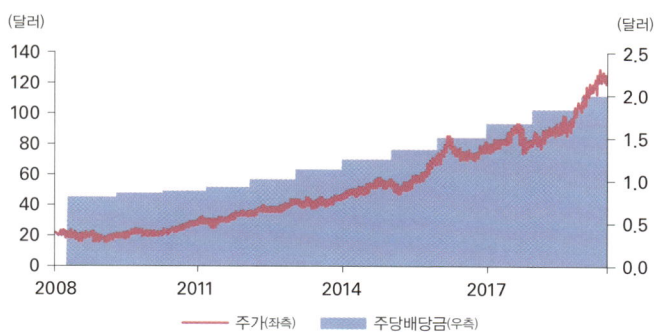

(달러)

(달러)

주가(좌측)　주당배당금(우측)

자료: Bloomberg, 삼성증권

다변화된 지역별 포트폴리오

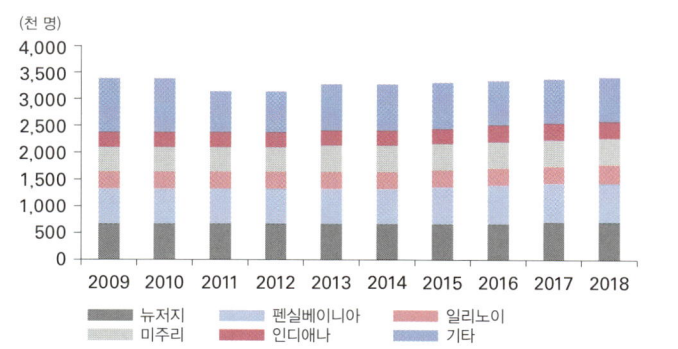

(천 명)

뉴저지　펜실베이니아　일리노이
미주리　인디애나　기타

자료: American Water Works, 삼성증권

매출액 및 성장률 추이

(백만 달러)

(%)

매출액(좌측)　성장률(YoY, 우측)

자료: Bloomberg, 삼성증권

Darden Restaurants (DRI US)

캐주얼 다이닝 레스토랑의 리더

· · ·

달든 레스토랑은 세계에서 가장 큰 레스토랑 체인 중 하나다. 주요 브랜드로는 올리브가든(Olive Garden), 롱혼 스테이크하우스(LongHorn SteakHouse) 등을 보유하고 있으며, 미국을 중심으로 1,855개의 매장을 운영 중이다. 8개 체인점 중 올리브가든과 롱혼의 매출 비중이 각각 51%와 21%로 매출의 대부분을 차지한다.

AT A GLANCE

현재 주가	112.27USD
블룸버그 평균 목표 주가	126.42USD
시가총액 (달러)	137.6십억 달러
시가총액 (원)	16.0조 원
Shares (float)	122.5백만 주 (199.7%)
52주 최저 / 최고	96.71 / 127.57달러
90일-평균거래대금	2억 달러
국가	US
상장거래소	New York
산업	Retail

ONE-YEAR PERFORMANCE

	1M	6M	12M
Darden Restaurants (%)	(5.0)	(4.5)	5.4
S&P500 대비 (%pts)	(7.1)	(7.6)	(6.7)

주가 vs EPS(주당순이익) 추정치

자료: Bloomberg, 삼성증권

SUMMARY FINANCIAL DATA

(5월 결산)	2018	2019	2020E	2021E
매출액 (백만 달러)	8,080	8,510	9,041	9,307
순이익 (백만 달러)	596	713	793	832
희석 EPS (달러)	4.7	5.8	6.4	6.8
희석 EPS 성장률 (%)	24.5	22.4	10.5	6.6
ROE (%)	27.7	31.1	31.3	26.5
P/E (배)	18.2	20.7	18.9	17.7
P/B (배)	4.9	6.2	1.5	1.2
EV/EBITDA (배)	10.9	13.2	11.8	11.1
배당수익률 (%)	2.9	2.5	2.9	3.3
배당성향 (%)	51.9	52.0	55.2	58.0

자료: Darden Restaurants, Bloomberg, 삼성증권

배당 인사이트

달든 레스토랑은 지난 24년간 배당을 증액시켜왔으며, 2018년 주당배당금은 3.0달러로 지난 10년간 연평균 14.6% 성장했다. FY2020 예상 주당배당금은 3.52달러로 현재 주가 기준 2.9%의 배당수익률이 예상되며, 이는 시장 평균(S&P 500, 1.94%)를 상회한다. 동사는 연 4회의 분기배당(2월, 5월, 8월, 11월)을 한다.

투자 포인트
대표 브랜드 올리브가든의 점유율 확대

동사 매출의 51%를 차지하는 올리브가든의 점유율 확대가 예상된다. 올리브가든의 FY2019 기존점 성장률은 +3.9%로 업계 평균을 상회(2015년 이후 평균 +270bp 상회)하며, 타 소규모 체인점과 자체 매장으로부터 점유율 확보가 지속될 전망이다. 이를 통해 시장을 아웃퍼폼하는 기존점 성장률은 유지될 전망이며, 체인이 더욱 확장될 경우 규모의 경제로 마진 개선도 기대해볼 만하다.

운영 프로세스 개선과 단순화로 고객만족도 향상

동종 업계에 비해 높은 매출 성장의 배경은 운영 프로세스 개선과 단순화, 그리고 이에 따른 고객만족도 향상에 기반한다. 이를테면 메뉴와 레시피를 단순화시켜 서비스 속도를 높여 고객만족도를 향상시키는 것이다. 실제로 조사에 따르면, 올리브가든을 방문하는 이유 중 첫 번째는 서비스 속도인 것으로 나타났으며, 올리브가든 매장은 서비스 속도 면에서 업계 2위를 차지하는 것으로 조사된 바 있다.

테이크아웃과 케이터링 서비스의 고성장

올리브가든의 기존점 성장률이 업계 평균을 상회하는 이유 중 하나는 오프 프레미스(Off-premise, 테이크아웃과 케이터링 서비스)의 고성장세에 있다. 실제로 올리브가든의 오프 프레미스 서비스 매출성장률은 여전히 10% 전후를 유지하고 있으며, 오프 프레미스 서비스 매출 비중은 15.9%로 업계 내 가장 높은 수준이다. 최근 테이크아웃(혹은 배달)으로 집에서 식사하는 소비 트렌드가 이어지고 있어 해당 매출 비중이 높은 동사의 수혜가 기대된다.

주가 및 주당배당금 추이

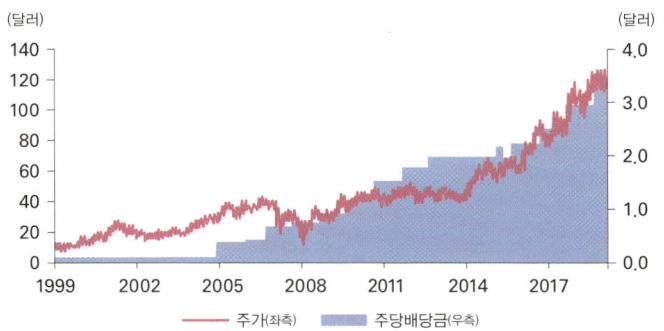

자료: Thomson Reuters, 삼성증권

기존점 성장률

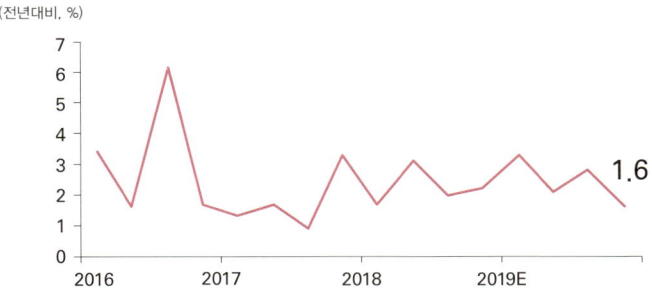

자료: Darden Restaurants, 삼성증권

체인점별 오프 프레미스 매출 비중

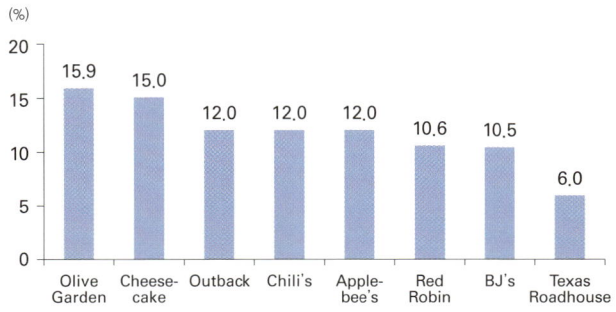

자료: Darden Restaurants, 삼성증권

UDR (UDR US)

매력적인 미국 대도시 역세권 아파트에 투자

· · ·

UDR은 미국 부동산 중 역세권에 위치한 아파트에 주로 투자하는 리츠 기업이다.
워싱턴 DC, 오렌지카운티, 샌프란시스코 베이, 뉴욕에서 45%가량의 영업이익이 발
생한다. 동사는 업종 내 경쟁사 대비 높은 수익성을 보유하고 있으며, 전통적으로 뛰
어난 자산 관리 역량을 바탕으로 비용 효율화에 강점을 보유한 회사다.

AT A GLANCE

현재 주가	50.25USD
블룸버그 평균 목표 주가	49.72USD
시가총액 (달러)	14.7.3억 달러
시가총액 (원)	17.1조 원
Shares (float)	289.5백만 주 (99%)
52주 최저 / 최고	38.39 / 50.36달러
90일-평균거래대금	1억 달러
국가	US
상장거래소	New York
산업	REITS

ONE-YEAR PERFORMANCE

	1M	6M	12M
UDR (%)	3.7	11.8	28.2
S&P500 대비 (%pts)	1.6	8.7	16.2

주가 vs EPS(주당순이익) 추정치

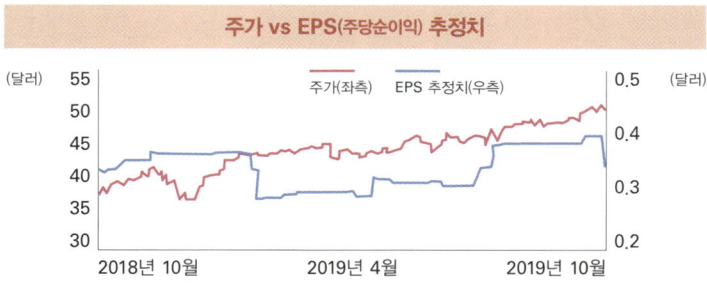

자료: Bloomberg, 삼성증권

SUMMARY FINANCIAL DATA

(12월 결산)	2017	2018	2019E	2020E
매출액 (백만 달러)	996	1,047	1,198	1,224
순이익 (백만 달러)	122	203	129	147
희석 EPS (달러)	0.4	0.7	0.4	0.4
희석 EPS 성장률 (%)	59.3	68.2	(50.1)	13.8
ROE (%)	4.0	7.1	2.9	4.1
P/E (배)	117.1	155.5	114.8	94.9
P/B (배)	3.7	3.8	5.3	6.0
EV/EBITDA (배)	24.1	23.4	24.3	23.2
배당수익률 (%)	3.2	3.3	3.0	3.1
배당성향 (%)	280.9	174.7	341.7	296.7

자료: UDR Inc., Bloomberg, 삼성증권

배당 인사이트

UDR은 1985년부터 매년 4회 배당을 해왔으며(1월, 4월, 7월, 10월), 단 3차례를 제외하고 배당금을 매년 증가시켰다. 2019년에는 주당 1.37달러의 배당금이 예상되며, 이는 금융 위기 이후로 매년 7.5% 증가시켜온 결과다. 동사는 배당뿐만 아니라 자본차익을 통한 총주주수익률의 극대화를 목표로 하는 만큼 배당수익 외 자본차익 역시 기대해볼 만한 요소다.

투자 포인트

주거+테크 결합

동사는 향후 5년에 걸쳐 다양한 기술 도입을 통해 운영 효율화에 나설 예정이다. 1) 스마트홈 기술 적용: 관리의 효율성 증대로 인건비 절감과 거주자 만족도 향상을 통한 임대료 상향, 2) 빅데이터 기반 인프라 확충: 과거 데이터를 바탕으로 렌트 가격을 산정해 수익 극대화가 예상된다.

PET FRIENDLY LIVING
Dogs & Cats Welcome

COMMUNITY SPOTLIGHT
Vision on Wilshire

분산 포트폴리오로 인한 프리미엄

UDR은 지역적으로 동부와 서부에 분산된 자산 포트폴리오를 보유하고 있다. 또한 도시와 비도심 지역의 비중이 대략 35%, 65%로 분산되어 임대수익의 변동성이 작다. 2009년 이후 동사의 순영업이익(Net Operating Income) 성장률은 업계 평균 대비 0.4%p 높은 반면, 변동성은 0.75%p 낮은 수준이다. 이러한 수치는 사업 포트폴리오의 분산 효과를 증명하고 있는 것으로 판단된다.

리스크 요인

부동산 사업 구조는 고용시장과 임금 등 거시 지표에 직접적인 영향을 받는 만큼, 매크로 환경 변화로 인한 변동성이 예상된다. 최근 규제 기관이 임대료에 대한 부정적인 신호를 보내고 있어 헤드라인 이슈가 발생할 가능성이 있다.

주가 및 주당배당금 추이

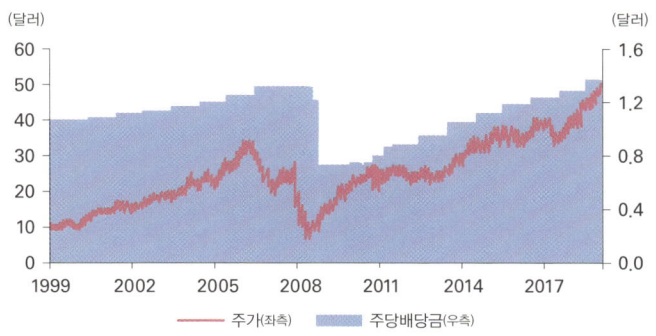

(달러)

(달러)

자료: Bloomberg, 삼성증권

399 Fremont, UDR의 샌프란시스코 베이의 아파트

FFO 및 성장률

(백만 달러)

(%)

자료: Bloomberg, 삼성증권

투자의 신세계를 여는 글로벌 투자 리포트 1

배당왕

배신을 모르는 그들, 미국 배당주 TOP 30

초판 1쇄 발행 2020년 2월 10일
초판 3쇄 발행 2020년 4월 27일

지은이 삼성증권 리서치센터
펴낸이 성의현
펴낸곳 미래의창

책임편집 김성옥 · 박정철
디자인 공미향 · 박고은
마케팅 연상희 · 황현욱 · 김지훈 · 이보경

등록 제10-1962호(2000년 5월 3일)
주소 서울시 마포구 잔다리로 62-1 미래의창빌딩(서교동 376-15, 5층)
전화 02-338-5175 **팩스** 02-338-5140
ISBN 978-89-5989-631-8 04320   (세트)978-89-5989-630-1

※ 책값은 뒤표지에 있습니다. 잘못된 책은 구입하신 서점에서 바꿔 드립니다.

이 도서의 국립중앙도서관 출판예정도서목록(CIP)은 서지정보유통지원시스템 홈페이지(http://
seoji.nl.go.kr)와 국가자료공동목록시스템(http://www.nl.go.kr/kolisnet)에서 이용하실 수 있습
니다.(CIP제어번호: CIP2020001439)

미래의창은 여러분의 소중한 원고를 기다리고 있습니다. 원고 투고는 미래의창 블
로그와 이메일을 이용해주세요. 책을 통해 여러분의 소중한 생각을 많은 사람들과
나누시기 바랍니다.
블로그 miraebookjoa.blog.me **이메일** mbookjoa@naver.com